Gestiona tus alquileres como un profesional

Manual para convertirse en el arrendador perfecto

Primera revisión: septiembre, 2021

Segunda revisión: marzo, 2022

Reservados todos los derechos. Quedo prohibido, bajo las sanciones establecidas en las leyes, la reproducción total o parcial de esta obra sin la autorización del titular de los derechos de propiedad intelectual.

ÍNDICE

PRÓLOGO 5
PREPARANDO TU INMUEBLE PARA SACARLO AL MERCADO 7
    La puesta a punto 7
    Reformas 7
    Seguridad y prevención 14
    Amueblado o sin amueblar 17
    Seguros 21
    El precio del alquiler 31
    Analizando la oferta de la zona 36
EL ANUNCIO Y LA SELECCIÓN DE INQUILINO 41
    El anuncio 41
    La selección del inquilino 50
    Selección del inquilino 51
EL CONTRATO DE ALQUILER 58
    Duración del contrato 58
    Subarriendo 60
    Inventario 60
    La fianza y las garantías adicionales 61
    Inscripción del contrato en el Registro de la Propiedad 68
    Ventajas para el propietario 68
    Gestión de los servicios 70
    Revisión de precios 73
EN CASO DE FALLECIMIENTO 76
    Qué ocurre si fallece el inquilino 76
    Qué ocurre si fallece el arrendador 78
EL DÍA A DÍA DEL ALQUILER 80
    Comunicación con el inquilino 80
REPARACIONES 81
    Vida útil 82
    Relación con el inquilino 83
    Elementos de desahogo 84
    Lista de contactos para reparaciones 85
    Cómo reclamar el impago del alquiler 86
FISCALIDAD Y FACTURACIÓN 96
    Fiscalidad en España de alquileres de bienes inmuebles 96
    Qué pasa si resido fuera de España 104
    Facturación de un inmueble alquilado a una empresa 108

ÍNDICE

Declaración de la renta – Ejemplo práctico 110
El Impuesto de Transmisiones Patrimoniales 115
Retenciones 117
ASPECTOS LEGALES 120
Qué le pasa al inquilino cuando embargan al arrendador 120
Alquiler de la vivienda habitual hipotecada 122
Venta del inmueble arrendado 123
La ocupación 125
Epílogo 129
Glosario 130
Nota legal 131
APÉNDICE 1 MODELO RESOLUCIÓN CONTRATO ARRENDAMIENTO 132
APÉNDICE 2 MODELO DEMANDA POR JUICIO VERBAL 135
Apéndice 3: recursos gratuitos 139

PRÓLOGO

Quisiera agradecerte la confianza depositada al adquirir este libro que espero pueda resolver las dudas sobre el tema que nos ocupa: la gestión de los alquileres.

El conocimiento que se intenta transmitir es fruto de años de experiencia en el sector y por tanto intenta reflejar la realidad del mercado de alquiler.

Si ya tienes un inmueble (comprado, hipotecado, heredado, adquirido en subasta, etc.) o tienes pensado incorporarlo en un futuro y te planteas cómo funciona la gestión de un alquiler, aquí encontrarás tus respuestas. En cualquier caso darte la enhorabuena y la bienvenida a este interesante mundillo. El mercado inmobiliario somos todos.

En el título anterior, *Cómo vivir de rentas inmobiliarias*, explicaba la estrategia económico-financiera para la adquisición del inmueble; te recomiendo leerlo si aún no lo has hecho. Ahora es el momento de sacar rendimiento a ese inmueble estratégicamente seleccionado.

Veremos los detalles que implica este negocio, desde la puesta a punto del inmueble, trámites para iniciar el arrendamiento, el proceso de selección del inquilino, el contrato de alquiler, la gestión de la fianza, el día a día del alquiler y los capítulos más densos como la fiscalidad y legislación aplicables entre otros. Estos aspectos jurídicos y fiscales así como el enfoque del contrato están pensados acorde a la legislación actual en España.

Encontrarás también ejemplos de situaciones reales para que puedas ver de una manera directa cómo se pueden resolver y te pueda servir de guía si te encuentras en una situación parecida en un futuro. Hay partes del libro que pueden resultar densas y en cambio otras son más livianas, en cualquier caso la información que se incluye es la que se ha estimado como necesaria para el tema que nos trata.

Quisiera romper una lanza a favor de todos los valientes que se atreven a adentrarse en estas inversiones y aportan valor a la sociedad.

Según los portales especializados en España los fondos de inversión representan solo alrededor de un 3% de la oferta en alquiler, y esto va en beneficio de los inquilinos y del sector, porque cuanto menor es el porcentaje que maneja el pez gordo, más opciones de protegernos de ellos tenemos los ciudadanos.

Insisto, más allá de si este negocio es rentable o no, (no le veo nada de malo en sacar rentabilidad a tu patrimonio) cada inmueble que un inversor saca al mercado es una familia con un problema de alojamiento resuelto. No olvidemos el gran déficit de vivienda en alquiler que sufre España; por eso cada vez que un inversor hace el esfuerzo de adquirir un inmueble, adecentarlo y sacarlo al mercado está haciendo un bien a todas aquellas personas que precisan de vivienda, ya que al aumentar la oferta está provocando que a la larga el precio del alquiler baje.

Personalmente mi enfoque de trato de cara al inquilino es de talante profesional, es decir, me centro en resolver los problemas que surgen y ofrecerle un buen trato, pero en ningún caso trato de hacer amistad con el arrendatario. Estamos hablando de negocios, y cualquier relación de carácter personal no nos aportará nada positivo en la mayoría de casos. Eso no quiere decir que no se le atienda bien y en el tiempo adecuado, simplemente debemos enfocar la gestión de una manera profesional y asertiva. Comento esto porque va en línea con el objetivo del libro, que no es otro que la gestión del alquiler como particular de la manera más profesional posible.

Por último dar las gracias a Guillermo que siempre está ahí para echarme una mano, a Xavi que me acompaña habitualmente en la búsqueda de inmuebles aportando su experiencia técnica, a Mariona por sus consejos en decoración y estética, a Carlos por la revisión de la parte legal de este libro y a Óscar por su dedicación y profesionalidad como API.

PREPARANDO TU INMUEBLE PARA SACARLO AL MERCADO

La puesta a punto

Reformas

Una de las grandes cuestiones que se plantea habitualmente el propietario es si debe hacer reformas o no. Debes pensar en tu inmueble como un negocio, por tanto sólo debes gastar en aquello que sea imprescindible o que te aporte un retorno (al menos a largo plazo). Por ello, si tal y como está el inmueble es alquilable no lo toques, incluso si obtienes menos renta.

Cálculo del retorno

Obviamente debes hacer un ejercicio económico y ver el retorno que te aporta la reforma. Ármate de paciencia porque este apartado te puede resultar un poco denso si no estás acostumbrado a este tipo de cálculos. Pongamos un ejemplo.

Partamos de la base de que la reforma provoca una revalorización del piso por el mismo coste de esta, por lo que el coste lo entendemos como neutro a largo plazo. Esta reforma nos cuesta 10.000€ y le asignamos un periodo de estudio de 10 años. Con la reforma alquilaríamos el inmueble por 80€ más al mes, lo que en 10 años suponen unos ingresos de 8.800€ con una ocupación media anual de 11 meses al año en promedio. Pero con una revalorización anual del 5% de coste de oportunidad equivale al final de los 10 años a 11.069€ (ver fórmula de cálculo en la siguiente página).

Indexación	Ingresos anuales
1,05	960
1,10	1.058
1,16	1.111
1,22	1.167
1,28	1.225

1,34	1.286
1,41	1.351
1,48	1.418
1,55	1.489
	11.067

Quiero aclarar que el porcentaje del coste de oportunidad lo debes definir tú en base a las alternativas de inversión que conozcas. Un valor típico sería el de la inflación promedio (digamos 2%), otra opción sería tomar como referencia el promedio de retorno de los dividendos de la bolsa de valores (pongamos 5% para ser conservadores), o podríamos coger como referencia un préstamo de tipo fijo en una plataforma de crowdfunding a un 8%. Todo depende de si tú fueras capaz de encontrar e invertir en una alternativa de inversión que te dé un retorno que resulte mejor que tener el dinero parado. Si este tipo de inversiones no es lo tuyo, como mínimo deberías calcular el coste de oportunidad cogiendo como referencia la inflación.

Por otro lado la inversión de la reforma equivale a 15.513€ en coste de oportunidad (10.000 x $1,05^{10}$).

Otro coste de oportunidad que debemos valorar es el tiempo que tenemos sin alquilar el inmueble mientras hacemos la reforma, que suponiendo que dura 4 meses, dejaríamos de ingresar por ejemplo 2.400€ (mensualidad de 600€/mes), que equivalen en 10 años a 3.723€.

En este caso tenemos entonces:

Mayores ingresos	€11.069
Coste oportunidad	-€9.236
Inversión reforma	-€5.513
Alquileres perdidos	-€3.723
	€1.832

Estos 1.832€ son a 10 años, lo que equivale a 1.181€ actuales (1.832/$1,05^{10}$).

Para calcular la inversión de la reforma restamos los 10.000€ iniciales (ya se ha comentado que los recuperaremos en revalorización del inmueble en el momento de su venta).

Siento si es un poco lioso, sobre todo si no estás acostumbrado a hacer este tipo de cálculos, son muy sencillos en una hoja de cálculo, o los puedes realizar mediante la fórmula del interés compuesto:

$VF = VA (1+i)^n$

- VF = Valor Futuro
- VA = Valor Actual
- i = Tasa de interés anual
- n = Periodo de tiempo (en años)

Ahora supongamos que queremos vender el piso a los 20 años y la reforma se queda para entonces obsoleta, por lo que no recuperamos la inversión de esta. Entonces tendríamos:

Mayores ingresos	€29.098
Coste oportunidad	-€25.045
Inversión reforma	-€18.981
Alquileres perdidos	-€6.065
	€4.053

En esta segunda hipótesis aún merece la pena la reforma. Pero claro está que esto depende del % del coste de oportunidad, de la diferencia de renta, del coste de la reforma y de la duración de esta. Por tanto no tomes estos ejemplos como referencia absoluta y haz tus propios cálculos.

Otro aspecto para tener en cuenta es la liquidez y/o el coste de financiación. Si tienes el dinero disponible quizás te merezca la pena la reforma, en cambio si has de financiar la misma quizás ya no te interese, especialmente en el caso que la finances mediante un préstamo personal, otra cosa distinta sería que la financiación provenga del préstamo hipotecario, que suele tener unos tipos de interés mucho más bajos.

Quizás prefieras sacar el inmueble al mercado tal y como está y cuando termine el primer alquiler financiar la reformas con los ingresos de este. Esta es otra opción muy válida también, ya que te permite generar un flujo de caja inicial y le estás ganando años de vida útil a la futura reforma.

En cualquier caso para que hagas tus propios cálculos te voy a dejar disponible una hoja de cálculo y una calculadora online para que lo adaptes a tu propia situación. Te dejo el enlace al final del libro en el Apéndice 3, seguro que con esta herramienta toda esta teoría que he soltado se te hace más amena de digerir.

Lo que debes tener claro es que tu inmueble es un negocio y por tanto no se trata de que luzca super bonito, se trata de sacarle rendimiento, así que olvídate de florituras y no incurras en gastos si no conllevan asociado un retorno (esto me lleva a discusiones habituales con mi equipo).

Por último he de comentar que un piso reformado por norma general tardará menos en ser alquilado (siempre y cuando el incremento de precio sea razonable). Por tanto, es un aspecto a tener en cuenta, sobre todo dependiendo de la cantidad de oferta de alquiler de la zona.

Partes a reformar

De cualquier manera, claro está que las partes a reformar dependerán del estado del propio inmueble, pues quizás tienes un lavabo y una habitación reformados pero la cocina es un desastre o al revés.

Desde el punto de vista del inquilino las partes más vistosas en cuanto a reformas se refiere son la cocina y el lavabo (en ese orden). Así que si quieres centrarte en algo, estos deben ser tus objetivos.

Otros pequeños retoques que son muy económicos y visten mucho son los suelos de madera flotante o los suelos de vinilo. Tienen un coste de material e instalación baratos y mejoran mucho la estética del inmueble. Además en el caso del suelo vinílico es bastante duradero.

Elementos como los interruptores, lámparas viejas, el interfono *vintage* o los pomos de las puertas son relativamente económicos y lucen bastante también.

Cambia siempre los latiguillos de las tomas de agua (típicamente en los lavabos), su coste es bajo y el destrozo que puede causar (o las molestias) es muy grande.

Si el interfono es sólo de audio su cambio es muy sencillo si compras un modelo universal, el cual es compatible con casi todas las marcas. Sólo tienes que conectar los cables (normalmente 5) a una regleta donde cada pin tiene una referencia y seguir el esquema. No te llevará más de 20 minutos y es bastante probable que incluso puedas aprovechar los tacos existentes para anclarlo a la pared. El coste es muy económico, rondando los 15€ (a veces menos).

Para dar un toque moderno instala estores en las habitaciones en lugar de cortinas; puedes aprovechar alguna buena oferta, revisa los grandes almacenes de decoración/construcción, te sorprenderá la disparidad de precios entre ellos.

Pintura

En cuanto a colores inclínate por claros y neutros ya que dan amplitud y luminosidad. Recomiendo pintar los techos de blanco, y nada de preferencias personales en paredes.

Cuanto más minimalista mejor, ya le dará el inquilino su toque personal (si se lo permites). Seguro que has visto el anuncio de algún inmueble con una habitación pintada de lila intenso o rosa fosforito que te ha puesto los pelos de punta, o el típico anaranjado o amarillo que da una sensación rara al espacio. Evita estos errores y trata de ser lo más neutral posible.

A mi entender el pintado de las paredes es algo que añade valor (aunque no duradero) y su coste es bastante asequible. Entrar en un inmueble recién pintado es verdaderamente un plus que tu inquilino seguramente valorará, además de que si tienes un poco de tiempo y ganas lo puedes hacer tú mismo, ahorrándote un dinerillo.

Ten en cuenta que si no tienes las paredes en buenas condiciones, no podrás reclamar nada al inquilino cuando se marche porque no tendrá manera de diferenciar los fallos anteriores de los nuevos, además de no ser ético ni lógico cobrar por desperfectos si tú no los has enmendado antes. A pesar de ello, la jurisprudencia considera la pintura como un elemento necesario del domicilio, por lo que en principio debe ser el casero quien asuma la renovación de esta.

Costes

A nivel genérico una referencia de coste de reforma por metro cuadrado sería unos ratios de entre 250 y 600€ (más IVA); estos son los habituales dependiendo del tipo de trabajo, de las calidades, del volumen total contratado, de la prisa y de la ubicación.

El tema de los costes es todo un mundo, y si bien es importante sacar rendimiento a lo que hacemos no se trata de instalar cosas cutres o de baja calidad. La reforma tiene que ser sencilla y efectiva, evitando lujos como ya se ha expuesto.

Puedes optar por contratar empresas de reforma que te coordinarán todo o buscar los profesionales de cada sector y gestionarlo tú mismo, esto depende del tiempo, conocimiento y contactos que tengas. Si optas por la empresa de reformas estarás con bastante probabilidad en el rango de costes alto.

Para retoques puntuales los grandes centros comerciales ofrecen la instalación y las reformas de cosas concretas, este servicio lo tienen subcontratado a empresas especializadas (alicatadores, montadores...). Es una buena opción si no tienes más referencias.

La casuística de precios y situaciones es tan variada que cualquier intento de desglosarlo sin saber el caso concreto sería un dato erróneo garantizado, por eso, con que tengas en mente los ratios de precio de reforma por metro cuadrado mencionados anteriormente me doy por satisfecho.

Deja la pintura siempre para el final, cualquier trabajo por pequeño que sea suele manchar algo las paredes (y a veces los techos). Si tienes que cambiar puertas y arrancar los marcos antiguos ten en cuenta que es muy probable que arranques parte del enyesado de la pared.

Limpieza

Una vez termines las reformas y la pintura deja la vivienda en perfectas condiciones de limpieza, y a poder ser contrata a alguien para ello. Es algo vital cuando anuncies el inmueble y lo que espera un inquilino cuando llega a una casa.

Repasa todos los detalles, los armarios de la cocina son algo en lo que se agradece la limpieza, y el inquilino seguramente lo revisará. Deja los cristales a punto, así como las rendijas de las ventanas y cualquier zona donde no se haya limpiado con anterioridad, cada detalle cuenta.

Seguridad y prevención

Partiendo de la base que la vivienda dispone de cédula de habitabilidad y que las instalaciones fueron construidas por especialistas autorizados nos centraremos en aquellos elementos menores que dependan de nosotros.

Marcaje CE

Revisa todos los aparatos eléctricos para garantizar que disponen del marcado CE y que estén libres de polvo y humedad. Estos últimos pueden provocar incendios y cortocircuitos.

No tengas cable enrollado como suele ocurrir en el caso de *ladrones* (también conocidos como alargadores o extensores) con el cable por extender. Cualquier cable eléctrico enrollado que esté en funcionamiento provoca un campo electro-magnético que puede hacer arder el conjunto. No quiero decir que la probabilidad sea alta, pero por poner un ejemplo un ladrón de 25m sin desenrollar al que le enchufáramos un taladro o una aspiradora de forma continua podría arder en cuestión de minutos. Por tanto ten la precaución de revisar si tienes algún aparato con mucho cable enrollado. Quizás te pueda resultar extraño, pero lo he visto con mis propios ojos.

Mantas extintoras

Los extintores son un poco engorrosos, ya que existen distintos tipos en función del tipo de fuego que se pretende extinguir y además requieren una revisión anual profesional a parte del espacio que ocupan y lo poco estéticos que resultan. Te propongo el uso de una manta apagafuegos para la cocina, cuesta muy poco (en torno a 12€) y son superútiles, sin duda una solución intermedia muy práctica entre los extremos de no poner nada y poner un extintor. Las puedes encontrar hasta en Ikea y Amazon. Son tan efectivas que en el Reino Unido su uso es obligado. Lo dejas colgado en un lugar visible de la cocina y te olvidas por años de ello (ojalá no se use nunca).

Por si no estás habituado a tratar el tema de extinción de incendios quiero recordar que para que haya fuego se necesitan tres componentes: comburente (oxígeno), combustible (el aceite que se quema, la madera...) y energía de activación (calor). Esto es lo que se conoce como triángulo del fuego. Con la manta extintora se logra que la aportación de oxígeno desaparezca y por tanto el fuego cese.

Triángulo del fuego

Detectores de monóxido de carbono

Estos detectores de humo se instalan normalmente en la cocina y el comedor, ya que son las partes de la casa más susceptibles de incidentes. Funcionan con una pequeña pila que suele tener una autonomía de 5 a 10 años, aunque también han evolucionado a sistemas de recarga mediante USB.

Los hay sencillos que solo emiten un pitido al detectar el CO y los hay que los puedes conectar al wifi de casa y por tanto estar informado en todo momento de lo que ocurre, incluso a distancia. Personalmente recién he empezado a incorporar elementos de domótica y estoy encantado.

También existen detectores de calor pero son algo menos fiables, algunos de ellos incluso vienen incorporados en la alarma antirrobo.

Agarraderas para el baño

Tanto si tienes bañera como plato de ducha una agarradera siempre es un elemento que nos puede salvar de una peligrosa caída. Especialmente importante este elemento si en la casa viven personas mayores.

Alarmas

Personalmente no las instalaría, porque supone un gasto fijo mensual, y siendo egoístas lo que roben no serán tus pertenencias. Recuerda que el robo lo tendrás cubierto por el seguro de daños (o seguro de hogar).

Dicho esto cada uno sabrá cuan peligrosa es su zona y si realmente hace o no falta. Cuando son especialmente interesantes para el arrendador es en los periodos de riesgo de ocupación, que veremos en su correspondiente capítulo.

Cambio de bombín

Al comprar una casa, tanto si es nueva como de segunda mano debes cambiar el bombín. Pero incluso si traes tus propios contactos para hacer reformas, el cambio de bombín lo debes hacer cuando hayas terminado, siendo tú la primera persona que debe disponer de la nueva llave antes de entregársela al inquilino.

Lamentablemente la confianza en otros me costó un robo, y eso que conocía al autor por varias décadas. Lección aprendida.

Amueblado o sin amueblar

Aquí tenemos el típico dilema que plantea el propietario, y como en casi todas los ocasiones la respuesta es: depende.

Depende de varios factores, como pueden ser el tamaño del piso, la demanda y sobre todo del público objetivo.

En términos generales cuanto menos cosas incluyas en la vivienda mejor, salvo que el cliente final lo precise, como ahora veremos. Piensa que cada elemento del inventario es una pieza a sustituir en caso de avería, por lo que aquí tenemos que aplicar el principio de menos es más. Piensa especialmente en aquellos elementos con desgaste físico, como la lavadora o la TV. Cuanto menos tengas menos a reparar/reponer y menos a discutir en caso de que se rompa por posible mal uso o negligencia.

Viviendas para estudiantes y pisos compartidos

En el caso de que tu público objetivo sean estudiantes debes incluir todo, añadiría que utensilios de menaje inclusive.

No te olvides de poner escritorios en los dormitorios donde quepan con su correspondiente lámpara para el estudio.

Veremos posteriormente que podemos mejorar la fiabilidad financiera de nuestro inquilino con la ayuda de avales.

Si además alquilas por habitaciones o tu público son trabajadores desplazados, poner pomos con cerraduras en las puertas es un detalle importante que te ahorrará discusiones y se considerará como un valor añadido. De esta manera cada inquilino conservará su privacidad y tendrá a buen recaudo sus pertenencias.

Pisos pequeños para solteros

Si tu inmueble es de 1 o 2 habitaciones y buscas el perfil de inquilino soltero, trabajador (a veces desplazado) que sólo quiere ir a dormir y poco más tenemos un caso similar al de antes.

Te recomiendo que le des todas las facilidades del mundo y tendrás un inquilino feliz y de gestión sencilla. Sólo te llamará cuando se le estropee algo necesario y poco más.

Pisos para familias

En este caso te recomiendo que dejes el piso lo más vacío posible, incluyendo eso sí los electrodomésticos básicos (lavadora, nevera, horno, encimera, lavavajillas y microondas).

La ventaja de alquilar un inmueble sin amueblar es que seguramente la duración del contrato real sea bastante superior al de pisos amueblados pequeños, que suelen tener mayor rotación. Básicamente esto se debe a dos factores, el primero es el coste y el esfuerzo que supone mover los muebles arriba y abajo y el segundo es que en una familia la logística se complica mucho, especialmente si hay niños pequeños.

Seguramente el hecho de que no esté amueblado rebaje el precio respecto al mercado entre 20€ y 100€ al mes. Pero por otro lado piensa que la rotación será bastante baja, recuperando casi una mensualidad anual por desocupación (que se produciría con una rotación alta), por lo que creo que compensa bastante.

Si tu inmueble está vacío de inicio te propongo que lo anuncies como "sin amueblar negociable", de tal manera que puedas adaptarte a la situación de tu inquilino final y adquirir mobiliario en caso preciso. En este caso te diría que incluso esperes para comprar electrodomésticos, no sea que encuentres una familia que quiera mudarse con los suyos y te salga el plan redondo.

Cabe decir que la demanda de pisos vacíos es bastante inferior a la de pisos amueblados, por ello es importante también que mires el nivel de tensión de la zona en lo que al mercado de alquiler se refiere, esto lo puedes consultar en el apartado *Analizando el mercado de la zona*. En conclusión, ocurre que en zonas con mucha oferta cuesta mucho menos tiempo conseguir inquilino si la vivienda está amueblada, y cuan tensionada esté la zona será uno de los factores clave. Siempre puedes probar el alquiler vacío y decidirte después a amueblarlo, eso sí, perderás un tiempo en el que podías haber estado cobrando ya tu primera mensualidad si lo tuvieras alquilado, esa decisión ya es tuya.

Rentabilidad de los muebles

Una de las grandes dudas es cómo repercute en la rentabilidad el amueblado. Pasa igual que en la reforma, tienes que analizar qué ingreso adicional te dará el alquilarlo amueblado y calcular su rentabilidad en función del coste.

Un dato de partida es la amortización de los muebles, en este caso, más allá de que cada elemento en concreto tiene una durabilidad distinta yo usaría los 10 años de amortización, que son los que Hacienda da para deducirnos dicho coste fiscalmente. Bien, ya tenemos un dato importante de partida.

En este caso te voy a dar un ejemplo real de mi último inmueble adquirido. Como se encuentra en zona tensionada regulada por ley el amueblar la vivienda me deja incrementar el precio un 5%, lo que se traduce en aproximadamente 25€ mensuales.

El desglose del coste de amueblado es el siguiente:

Sofá	200,00
Mueble TV	149,00
Mesa	85,00
Sillas	100,00
Armarios	280,00
Camas	425,00
Colchones	229,98
Cubrecolchón	19,80
Almohadas	53,98
Mesitas noche	82,50
Silla escritorio	56,00
Mesa escritorio	73,68
Estantería	79,99

Lavadora	349,00
Nevera	279,00
Envío	239,99
	2702,92

Intento huir del tópico de IKEA siempre que puedo, puedes encontrar cosas a precios similares o inferiores, y en mi opinión personal esta marca está muy manida. Los electrodomésticos los he adquirido en una conocida empresa que los rehabilita, por ello consigo muy buen precio y prestaciones superiores.

El ingreso extra por tener la vivienda amueblada es de 25€ mensuales, lo que supone 300€ al año. Este ingreso respecto el coste de inversión inicial nos da un retorno de 11,1%, lo cual es un rendimiento muy notable. Lo que tenemos que tener en cuenta es que a nivel fiscal tenemos 10 años para la deducción, por ello nos conviene que la cifra de rentabilidad esté lo más cercana al 10% para que cuadren a nivel temporal las amortizaciones y a su vez la rentabilidad. Todo lo que supere este 10% es beneficio directo, aunque este sobrante sí que tributa.

Dicho de otra manera, con rentabilidades bajas (por debajo del 5%) la inversión en amueblado no es financieramente lógica. Piensa que teóricamente al cabo de los 10 años vas a tener que amueblar de nuevo (al menos parcialmente), por lo que con el extra del alquiler simplemente estás pagando esta inversión inicial en mobiliario, no sacando realmente un beneficio (a excepción de superar el umbral del 10% como ya se ha mencionado).

Seguros

En este apartado se tratarán distintos seguros recomendados que nos pueden ser de mucha utilidad. Vamos a verlos en detalle.

Seguro del hogar

Este seguro no es obligatorio de por sí, pero es muy recomendable, incluso yo diría que imprescindible. Hay otros contextos en los que el seguro de daños sí es preceptivo, esto se da en el caso de que la adquisición de vivienda se formalice con hipoteca mediante (artículo 10 del Real Decreto 716/2009, de 24 de abril).

El seguro de hogar cubre una serie de imprevistos que en el caso de no estar asegurado pueden causar incluso la quiebra del propietario, por tanto a mi entender es imprescindible. Es más, si fuera legislador lo haría obligatorio al igual que en el caso de los vehículos (el famoso seguro a terceros). El criterio es el mismo que el de las pólizas de coche, existen una serie de riesgos por el simple hecho de la existencia del bien, en nuestro caso la vivienda.

Entre los riesgos más comunes que existen tenemos los de incendio, robo, inundación, averías y por supuesto responsabilidad civil (abreviado como RC). Este último es quizás el más importante porque los daños que se pueden causar a terceros pueden tener consecuencias económicas y jurídicas importantes. Por ejemplo, si tenemos una filtración de agua en la ducha o la cocina y causamos humedades al vecino, o si se rompe una tubería (o un simple latiguillo de la toma de agua del lavabo) o si se cae algo por la ventana y daña un vehículo estacionado e incluso en el peor de los casos a un viandante.

Quiero que entiendas que todas estas desgracias aun no siendo malintencionadas estarían causando daños a terceros y por tanto son punibles acorde del Código Civil (artículo 1902). Por tanto en caso que ocurra cualquier tipo de incidente cubierto en la póliza, el seguro responderá económicamente y te dará el respaldo jurídico necesario.

Tras esta genérica explicación vemos que en nuestro caso tenemos 3 afectados principales:

- El daño a terceros (RC)
- El daño al inmueble (continente)
- El daño a los bienes muebles del interior (contenido)

Es decir, por un lado tenemos los riesgos propiamente dichos (incendio, robo...) y por otro quien sufre de forma directa las consecuencias negativas del mismo. Conocer esto es importante a la hora de entender y comparar las distintas pólizas del mercado.

El seguro no es obligatorio tampoco para el inquilino, por tanto si por ejemplo el piso sufriera una inundación porque las cañerías son muy antiguas el propietario sería el responsable de los desperfectos causados, que en este caso podrían afectar a los tres grupos expuestos:

- Podrían causar humedades al vecino (RC)
- Podría haber dañado elementos del propio inmueble, como por ejemplo el suelo de parquet y la pintura de algunas paredes (continente)
- Podría haber dañado bienes del inquilino (contenido)

Cierto es que si el propio inquilino fuera responsable debería contratar su propio seguro, pero el que hace negocio y por tanto el profesional eres tú, además eres el responsable directo del inmueble, en cambio el inquilino quizás solo está de paso por un tiempo.

No quiero ahondar en más ejemplos porque me parece que el tema es muy claro, si eres propietario necesitas tener el seguro de hogar, máxime cuando en tu inmueble vive otra persona (el inquilino) y por tanto no puedes controlar lo que sucede en la vivienda 24/7.

Tramitar el Seguro del hogar

Las coberturas más habituales de este tipo de seguros son las siguientes:

- RESPONSABILIDAD CIVIL
- DEFENSA JURÍDICA

- INCENDIO Y OTROS DAÑOS MOBILIARIO
- DAÑOS POR AGUA MOBILIARIO
- ROTURAS MOBILIARIO
- ROBO MOBILIARIO
- DAÑOS ESTÉTICOS MOBILIARIO
- DAÑOS ELÉCTRICOS MOBILIARIO
- FENÓMENOS ATMOSFÉRICOS MOBILIARIO
- INCENDIO Y OTROS DAÑOS VIVIENDA
- DAÑOS POR AGUA VIVIENDA
- ROTURAS VIVIENDA
- ROBO VIVIENDA
- DAÑOS ESTÉTICOS VIVIENDA
- DAÑOS ELECTRICOS VIVIENDA
- FENÓMENOS ATMOSFÉRICOS VIVIENDA
- ASISTENCIA URGENTE
- ASISTENCIA EN REPARACIÓN Y BRICOLAGE
- ASISTENCIA FAMILIAR
- ASISTENCIA EN VIAJE
- CONSORCIO PÉRDIDA BENEFICIOS

Cada partida conlleva unos límites asegurados específicos, y esto es lo que hace (entre otros motivos) que una oferta sea más cara que otra. Mi recomendación es que adquieras una RC alta (por encima de los 150.000€), daños por incendio/agua/eléctricos a la vivienda por encima de los 80.000€ y una defensa jurídica por encima de los 2.000€.

Respecto a los daños al mobiliario esto es algo a revisar, pues puede hacer variar el coste del seguro. Esta sería la cobertura de los bienes del inquilino y aquellos de tu propiedad del interior de la vivienda. En el caso de un piso normal un valor entre los 15.000 y los 20.000€ parece razonable, y siendo el piso de alquiler probablemente el valor real esté bastante por debajo de los 10.000€. Obviamente cuanto mayor sea el importe asegurado a igualdad de coste, mejor. Pero he querido remarcar esto porque suele tener incidencia en el coste final.

He de destacar que los daños dependerán del tipo de inmueble, del tipo de materiales, de la superficie del primero y obviamente del tipo de incidencia. Pero he querido mojarme y dar cifras orientativas para que sirvan como referencia al lector. También te indico que he tenido que enfrentarme (por motivos profesionales) a destrozos por incendio y las coberturas mencionadas me han cubierto holgadamente.

Antes de proceder a contratar el seguro de daños puedes usar uno de tantos comparadores online para hacerte una idea del precio. Algunos de los seguros incluyen la opción del seguro de impago del alquiler que veremos a continuación, por tanto, es una buena alternativa comparar cuánto nos cuestan estos seguros por separado y cuánto nos cuestan combinados. Mi recomendación es que si valen lo mismo es mejor contratarlos por separado, luego entraremos en detalle.

Los elementos de seguridad que se suelen tener en cuenta a la hora de calcular las tarifas suelen ser:

- Puerta blindada
- Caja fuerte
- Cristales blindados
- Rejas
- Alarma conectada a central de alarmas
- Alarma sin conexión
- Vigilancia 24H

Verás que hay ciertas variables que puedes escoger, como si quieres asegurar joyas o bienes especiales. En España tenemos la suerte de que este extra se añade de manera inmediata sin más trámite que el incremento de coste del seguro. En Reino Unido aun teniéndolo asegurado no tiene validez si no se hace un peritaje, que no es nada barato por cierto.

Es importante que en el seguro que adquieras quede claro que tienes el inmueble en régimen de alquiler, de otra manera la entidad aseguradora podría reclinar responsabilidades en un futuro.

Lo más importante es que los datos que incluyas sean ciertos, y en caso de dudas asegures por exceso. Es decir, si no sabes si el inmueble tiene 80 o 90 metros cuadrados debes optar por el peor de los casos (90 en el ejemplo). Piensa que en caso de incidente algunas compañías intentarán todo tipo de tretas para zafarse de las responsabilidades contratadas.

Otro aspecto importante es la solvencia de la compañía aseguradora. No quiero dar nombres, pero creo que me entiendes. A un precio similar es mejor pagar un poquito más por una empresa seria. Las compañías baratas intentan reducir costes esquivando reclamaciones, como recién se ha expuesto. Y te lo digo por experiencia pues profesionalmente reclamaba a los seguros varios cientos de miles de euros anualmente.

Baja del seguro de hogar

Las pólizas se suelen renovar anualmente de manera automática. Para dar de baja un seguro debemos dar un preaviso de un mes antes del fin del periodo asegurado (Ley 20/2015, de 14 de julio, Disposición final primera número Tres, que modifica el artículo 22 de la Ley 50/1980, de 8 de octubre, de Contrato de Seguro).

En caso de incidente

Una vez tienes contratado el seguro es importante que en caso de incidente siempre sigas las indicaciones de la compañía. De no hacerlo te pondrán muchas trabas e intentarán rebajar su desembolso, lo que se podría traducir en un sobrecoste para ti.

Notifica al teléfono de contacto la incidencia en un plazo máximo de 7 días (este paso se conoce como la comunicación del siniestro y el plazo lo define el artículo 16 de la Ley 50/1980 ya mencionada). Piensa que si usas un corredor de seguros no debes apurar el plazo de 7 días, pues a su vez este ha de comunicarlo al asegurador.

Dependiendo de la envergadura del siniestro (o de la tipología de este) decidirán si te envían un perito. Anota el nº de expediente asignado al siniestro (a veces conocido como nº de siniestro), si no te lo dan abiertamente pídelo. En ocasiones no lo pueden tramitar al instante y lo dejan para más adelante, en tal caso les vuelves a llamar pasados unos días hasta que sepas el nº de expediente.

Anota día y hora de cada comunicación con el seguro, bien sea por teléfono, por escrito o mediante plataforma electrónica (web del seguro).

En algunas ocasiones la misma compañía se encarga de reparar los daños, lo que es genial, porque ella misma será quien discuta con la empresa designada para llevar a cabo las reparaciones. Por otro lado ten en cuenta que hay ciertas reparaciones que tienen asociada una franquicia y te tocará abonar parte del coste.

Si por el contrario la compañía te indica que busques tú la solución y después te abonarán el importe ten mucho cuidado. Encuentra a un contratista que se encargue de reparar y gestionarlo todo y pídele presupuesto. Este presupuesto se lo debes mandar al seguro para que te lo apruebe antes de empezar, debes dudar de promesas que no estén por escrito.

Hasta aquí lo normal es que se resuelva todo de manera más o menos eficiente, que el seguro cubra los gastos y puedas volver a la normalidad, pero hay casos graves en que esto se puede complicar. Vamos a verlo a continuación.

Problemas de recobro

En casos de siniestros importantes es posible que tengas que ocuparte personalmente de gestionar la reparación de daños. En otros casos el origen de los daños no está del todo claro o están al límite de lo que la compañía considera que está asegurado. En cualquiera de estos casos (y en otros) nos podemos encontrar con demoras en el cobro de las reparaciones. Para acelerar este recobro en caso de que no veas avances en la reclamación te propongo el siguiente procedimiento:

1) Solicita el recobro a la compañía por la vía que nos indique y a través del Servicio de Atención al Cliente (SAC).

Usa ambas vías de comunicación, para que quede constancia de tus comunicaciones.

2) Indica a la compañía que si no resuelven tu expediente iniciarás una reclamación a la Dirección General de Seguros y Fondos de Pensiones.

3) Mismo paso que el punto anterior, pero esta vez mediante burofax. Indícales que tienen un plazo de 15 días para contestarte.

Normalmente el 90% de expedientes se resuelven entre los pasos 1 a 3. En caso contrario iniciamos la reclamación.

4) Inicia la reclamación ante el Servicio de Reclamaciones de la Dirección General de Seguros y Fondos de Pensiones pasados dos meses de tu reclamación a la compañía aseguradora: http://www.dgsfp.mineco.es/

Esta reclamación es gratuita y sólo se puede llevar a cabo si no se ha iniciado la vía judicial. Una vez resuelta la reclamación puedes iniciar la vía judicial si así lo consideras.

Inicia formalmente la reclamación, que podrás tramitar online. Deberás incluir la siguiente documentación:

- Los datos identificativos del reclamante: nombre y apellidos, dirección, DNI del interesado y en su caso del representante. En este último caso debe acreditarse la representación por cualquiera de los medios admitidos en derecho.
- Identificación de la entidad reclamada, detallando la oficina o sucursal donde ocurren los hechos objeto de queja o reclamación.
- Explicación motivada de la queja o reclamación, especificando claramente las cuestiones sobre las que solicita pronunciamiento. Adjuntando toda prueba documental que dispongas y que fundamente la queja o reclamación. Deben siempre coincidir con los previamente presentados a la entidad.
- Acreditar que se ha presentado previamente ante el SAC o Defensor de la entidad y se resolvió en contra del reclamante o

no se resolvió y han transcurrido dos meses desde la presentación.
- Lugar, fecha y firma.

La Dirección General de Seguros y Fondos de Pensiones te dará o no la razón en cuanto a la reclamación en un plazo de no más de cuatro meses. Pero no entrará a valorar económicamente la misma, por lo que si tu discusión es relativa al importe esta reclamación no servirá.

La aseguradora no está obligada a acatar las conclusiones del informe emitido por el Servicio de Reclamaciones, pero en la mayoría de los casos sí que los cumple (se juegan multas cuantiosas).

Seguros de impago del alquiler

Este es el mejor amigo del propietario novato, doy fe. En circunstancias normales el ratio de impagos del total de alquileres de vivienda suele rondar el 8-10%, el seguro de impago reduce este porcentaje notablemente y aminora de forma notoria las consecuencias. Con este seguro tienes garantizado el cobro del alquiler en caso de impago y la aseguradora se encargará de la reclamación judicial del inquilino hasta lograr el lanzamiento (desahucio). Además suelen incluir coberturas por desperfectos, algo altamente probable en estos casos.

El coste aproximado de este seguro es del 4% al 5.5% de la renta anual del alquiler. Ejemplos de aseguradoras que ofrecen este servicio son Mapfre, Arag, Mutua Madrileña, DAS o Allianz. Consulta tu propio banco, porque hay ocasiones en que también disponen de este tipo de seguros (yo lo tramito con ellos de vez en cuando para tenerlos contentos).

Suelen tener una carencia inicial de unos 2 meses, con lo cual sólo tendrás riesgo entre el primer y el segundo mes, ya que el primer mes se supone que lo cobras por adelantado a la firma del contrato de alquiler.

PREPARANDO TU INMUEBLE PARA SACARLO AL MERCADO
SEGUROS

Es muy recomendable tener este tipo de pólizas contratado, especialmente si eres novato, por la seguridad que da y por el refinamiento del proceso de selección del inquilino, como veremos en el correspondiente apartado.

En ocasiones nos pueden ofertar distintas pólizas en función de la cobertura por impago, lo que sería el equivalente a 6, 9 o 12 mensualidades. Analiza la diferencia de precio entre ellas, pero a priori la temporalidad óptima parece ser la de 9 meses, porque te da una cobertura temporal suficiente como para que el caso se resuelva si hay que pasar por los tribunales.

Te muestro un ejemplo real actualizado, en este caso contratando el seguro de impago a través de una entidad bancaria, y bajo el supuesto de un inquilino con ingresos brutos de 28.000€ anuales y una renta del alquiler de 570€/mes las condiciones fueron las siguientes:

- Prima de 310€ anuales
- Cobertura de daños hasta 3.000€
- Defensa jurídica incluida
- Cobertura por impago de hasta 3.000€

Esta cobertura por impago de hasta 3.000€ equivale aproximadamente a 5 meses y medio de incumplimiento de renta (bastante por debajo del óptimo de 9 meses anteriormente mencionado). Hay mejores ofertas, en cualquier caso sólo quería transmitirte un ejemplo real y actual.

Para añadir garantías de éxito en el cribaje del inquilino debes solicitar en el seguro de impago el formulario de protección de datos a rellenar por parte del inquilino donde autoriza a la compañía aseguradora a consultar su historial de morosidad y de esta manera cumplir con el RGDP.

Seguro de vida

Es habitual que en el caso de que la vivienda esté hipotecada el banco te obligue a tramitar un seguro de vida para cancelar el capital pendiente en caso de deceso. Si tienes familia a cargo es interesante que tengas este tipo de seguro incluso si el banco no te lo exige, de esta manera tu familia heredaría la propiedad del inmueble libre de hipoteca y con el contrato de alquiler ya en marcha en el no deseado caso de fallecimiento.

Un dato que creo útil y quizás desconozcas es que existe el Registro de Contratos de Seguros de Cobertura de Fallecimiento que depende del Ministerio de Justicia y además es público. Está regulado por la Ley 20/2005, de 14 de noviembre y su finalidad es dar a conocer si una persona fallecida estaba asegurada con un seguro de cobertura de fallecimiento.

En ocasiones la aseguradora te hará pasar una revisión médica y en función del resultado te pueden incrementar la cuota o incluso negarse a asegurarte.

El precio del alquiler

Entramos en uno de los puntos clave del negocio: el importe de la renta. Si bien es quizás el aspecto principal para nuestra rentabilidad, en este caso es el mercado quien lo fija, por tanto está un poco fuera de nuestro control, aunque con ciertos matices.

Lo ideal es que hubiéramos hecho un buen análisis previo del inmueble antes de su compra para obtener rentabilidades del alquiler entre el 8 y el 10% (de rentabilidad bruta), algo que definimos en el título *Cómo vivir de rentas inmobiliarias.* Para analizar este objetivo cogemos el precio de la renta mensual, lo multiplicamos por 10,5 meses (para descontar gastos y periodos vacíos), lo dividimos entre el importe de compra del inmueble y lo multiplicamos por 100 (para obtener el tanto por ciento).

Ejemplo de cálculo de rentabilidad:

Coste adquisición: 86.000€

Renta mensual: 660€

Rentabilidad anual del alquiler = 660x10,5x100/ 90.000 = 8,1%

Recuerda que como vimos en el mencionado título el efecto apalancamiento puede hacer que esta rentabilidad se transforme en un rendimiento como inversor (ROCE) entre el 10 y el 20% (o superior).

En este libro partimos de la base de que ya tenemos el inmueble en nuestro poder, por ello no profundizaremos más en rentabilidades.

Referencias de mercado

Las referencias de mercado en cuanto a alquileres son bastante buenas. A diferencia de los anuncios de compraventa donde es habitual ver precios inflados esto no es tan frecuente en el mercado de alquiler. Por ello una visita a cualquier portal de anuncios nos dará una buena idea de cómo está el mercado.

Haz tu propia investigación, mira los precios de la zona para inmuebles de superficies y características similares (nº de habitaciones, existencia de ascensor, orientación, terraza...), si tienes una gran cantidad de inmuebles de referencia descarta aquellos que sean más caros y saca un promedio con el resto.

Ejemplo de comparativa de mercado:

Nuestro piso tiene 87m^2, 2 habitaciones, 1 baño, ascensor, terraza y orientación norte.

Anuncio 1: 90m^2 y 3 habitaciones. 4ª planta sin ascensor. 580€: descartado porque no tiene ascensor

Anuncio 2: 80m^2, 2 habitaciones, 1 baño, ascensor y orientación sur-este: 800€. Precio resultante por metro cuadrado: 10€/m^2.

Anuncio 3: 70m^2, 2 habitaciones, 1 baño, ascensor y orientación este. 700€. Precio resultante por metro cuadrado: 10€/m^2.

Anuncio 4: 90m^2, 3 habitaciones, 1ª planta sin ascensor, orientación sur. 850€. Precio resultante por metro cuadrado: 9,4€/m2.

Anuncio 5: 82m^2, 2 habitaciones, 1 baño, ascensor y orientación este: 1.050€. Precio resultante por metro cuadrado: 12,8€/m^2. Lo descartamos porque es el más caro de la serie.

Anuncio 6: 78m^2, 2 habitaciones, 2 baños, ascensor y orientación norte. 725€. Precio resultante por metro cuadrado: 9,3€/m^2. Lo analizamos seguidamente.

Anuncio 7: 58m^2, 2 habitaciones, 1 baño, ascensor y orientación sur-oeste. 650€. Lo descartamos por el tamaño.

Anuncio 8: 85m^2, 2 habitaciones, 1 baño, ascensor, terraza y orientación sur. 825€. Precio resultante por metro cuadrado: 9,7€/m^2.

Cogemos como referencia los anuncios 2, 3, 4 y 8 y nos da un precio promedio resultante por metro cuadrado de 9.8€/m^2 ((10+10+9,4+9,7)/4).

El anuncio 6 con orientación norte tenía un precio de 9,3€/ m^2, lo cual concuerda con una baja del promedio obtenido por tener mala orientación (no le toca el sol en todo el invierno), por tanto nos puede servir como referencia.

El resumen del análisis sería la siguiente tabla:

Anuncio	Superficie	Habitaciones	Ascensor	Precio	€/m²
~~1~~	~~90~~	~~3~~	~~NO (4º)~~	~~580~~	~~6,44~~
2	80	2	SÍ	800	10,00
3	70	2	SÍ	700	10,00
4	90	3	NO (1º)	850	9,44
~~5~~	~~82~~	~~2~~	~~SÍ~~	~~1050~~	~~12,80~~
6	78	2	SÍ	725	9,29
~~7~~	~~58~~	~~2~~	~~SÍ~~	~~650~~	~~11,21~~
8	85	2	SÍ	825	9,71

Este ejercicio se puede complicar tanto como se quiera, añadiendo variables para inmuebles con o sin terraza, áticos, etc. Lo importante es que entiendas la metodología.

Como complemento a este ejercicio puedes usar servicios de tasación online. Los hay de pago y también gratuitos, en el apartado de Tasadores del enlace:

https://misfinanzaspersonales.net/recursos-inmobiliario/

puedes tanto ver recursos gratuitos para hacer la tasación de un inmueble en concreto como obtener precios por zona (como ofrece la herramienta del BBVA).

Las Agencias inmobiliarias y los agentes API

Los profesionales del sector (las agencias y el Agente de la Propiedad Inmobiliaria) son la mejor referencia que podemos tener, porque tratan el día a día de los inmuebles de su zona, conocen las características de su mercado y la evolución del mismo (*momentum*). Yo mismo me he sorprendido alguna vez cuando al hacer el ejercicio anterior de calcular el precio de mercado me daba un importe y el API consiguió 70€ más de renta. Esto se dio porque no había mucha oferta de inmuebles con características similares en la zona (motivo por el cual la comparativa no era del todo fidedigna).

Por ello, estos agentes son una muy buena ayuda en este proceso de anunciar el inmueble y conseguir inquilino (ya que se ocuparán de cribar las visitas y te sirven de escudo).

Consecuencias de las regulación de los precios

Como es habitual el regulador piensa que el mundo es un jardín de rosas y que todo saldrá conforme a sus planes políticos. Y si bien el objetivo puede ser muy loable desde el punto de vista social, las consecuencias son negativas y finalmente no se logrará el objetivo de la Ley (precios más asequibles).

En resumen las consecuencias directas serán un incremento del mercado negro, una restricción en la oferta y un deterioro de los inmuebles. Cómo consecuencia indirecta veremos una reducción del PIB y el empleo en lo referente al mercado de reformas.

A menores rentabilidades en la inversión habrá menos interesados en la misma lo que provocará una reducción de la oferta y dejará a las personas más vulnerables sin acceso al mercado de alquiler, ya que a igualdad de precios el propietario será más exigente con los requisitos de solvencia a exigir y en consecuencia se producirá una mejor selección del inquilino.

Analizando la oferta de la zona

Más allá de qué precios se mueven en tu zona lo primero que debes saber es como está de tensionado el mercado de alquiler, es decir si la demanda es superior a la oferta.

Esto determinará el tiempo que tardarás en alquilar una vivienda y el precio del contrato de arrendamiento.

Para determinar si un mercado está en equilibrio una de las técnicas que podemos seguir es comparar los inmuebles en venta con los listados en alquiler. Hay dos comparativas que podemos ver, la primera en precio y la segunda en volumen, ahora lo veremos más detalladamente.

Comparativa de precios

Se trata de comparar inmuebles de características similares, unos en alquiler y los otros en venta, obteniendo los precios promedio de ambas opciones para compararlos.

Por ejemplo, si tenemos el promedio de un inmueble en venta con dos habitaciones, 75m^2 y ascensor por 120.000€ y su equivalente en alquiler es de 650€/mes esto nos da una rentabilidad bruta del 6.5% (650x12/120.000). Sería una buena rentabilidad, que podría empujarnos a entrar en el negocio, pero antes tenemos que ver la comparativa por volumen.

Si en este ejercicio de comparativa de precios vemos rentabilidades por encima del 6% es muy probable que la zona esté tensionada. Otra cosa es que veas un inmueble en concreto que por determinadas circunstancias dé mayor rentabilidad (herencia, zona de ocupas...), pero aquí lo que se trata es de identificar una zona como rentable o no.

Comparativa por volumen

En un mercado en equilibrio la distribución de inmuebles anunciados en venta y alquiler estarían en una proporción 76/24, esta es según el INE la distribución actual del mercado español.

Cuanto menor sea el porcentaje de inmuebles en alquiler más tensionado está ese mercado en concreto.

Te quiero enseñar algunos ejemplos para que te sirvan de ayuda, pero antes déjame mostrarte los números de mi zona preferida (sin decir cuál es).

Listo en un portal especializado (idealista, habitaclia, fotocasa...) y me salen los siguientes resultados:

Anuncios en venta	259	98%
Anuncio en alquiler	6	2%
Total	265	100%

Cómo ves el porcentaje de viviendas en alquiler es del 2%, muy alejado del 24% de equilibrio.

Veamos ahora algunos ejemplos de ciudades medianas tomadas al azar:

Ejemplos de zonas tensionadas:

Torrejón de Ardoz		
Anuncios en venta	786	87%
Anuncios en alquiler	115	13%
Total	901	100%

Jaén		
Anuncios en venta	1.946	89%
Anuncios en alquiler	247	11%

PREPARANDO TU INMUEBLE PARA SACARLO AL MERCADO
ANALIZANDO LA OFERTA DE LA ZONA

| Total | 2.193 | 100% |

Santiago de Compostela		
Anuncios en venta	1.367	79%
Anuncios en alquiler	372	21%
Total	1.739	100%

Mérida		
Anuncios en venta	783	89%
Anuncios en alquiler	93	11%
Total	876	100%

Albacete		
Anuncios en venta	2.965	91%
Anuncios en alquiler	280	9%
Total	3.245	100%

Haro		
Anuncios en venta	405	98%
Anuncios en alquiler	9	2%
Total	414	100%

Elche		
Anuncios en venta	4.060	89%
Anuncios en alquiler	487	11%
Total	4.547	100%

Alicante		
Anuncios en venta	9.513	84%
Anuncios en alquiler	1.778	16%
Total	11.291	100%

PREPARANDO TU INMUEBLE PARA SACARLO AL MERCADO
ANALIZANDO LA OFERTA DE LA ZONA

Lleida		
Anuncios en venta	1.661	92%
Anuncios en alquiler	135	8%
Total	1.796	100%

Ejemplos de zonas no tensionadas:

Barcelona (08029)		
Anuncios en venta	756	56%
Anuncios en alquiler	596	44%
Total	1.352	100%

Madrid (28006)		
Anuncios en venta	1.078	41%
Anuncios en alquiler	1.535	59%
Total	2.613	100%

Valencia		
Anuncios en venta	11.299	69%
Anuncios en alquiler	5.114	31%
Total	16.413	100%

Burgos (casco antiguo)		
Anuncios en venta	157	63%
Anuncios en alquiler	92	37%
Total	249	100%

Toledo (casco histórico)		
Anuncios en venta	275	65%
Anuncios en alquiler	151	35%
Total	426	100%

Antes de llegar a las conclusiones quisiera aclarar algunos aspectos. Cuando comento que las zonas están tensionadas es comparando número de inmuebles a la venta con oferta disponible en alquiler, en ningún caso se ha entrado a valorar los precios.

Es bastante relevante el tamaño de la población, ya que un municipio pequeño puede tener muy poca oferta de alquiler, pero a la vez la demanda puede ser prácticamente nula. Por ello, no aplicaría directamente este criterio para municipios con población inferior a 20.000 habitantes, según mis estimaciones. Además, en estos casos el potencial de revalorización es mucho más pequeño que en los centros urbanos.

Una vez detectes estas zonas tensionadas sería el momento de contrastarlo con los agentes inmobiliarios de la zona, quienes conocen perfectamente la realidad de su mercado. Si es cierto que la zona tiene un mercado de alquiler tensionado, como inversor/comprador a largo plazo tienes una situación ideal, por un lado puedes presionar el valor de compra a la baja, porque la cantidad de oferta de inmuebles en venta es grande, y por otro sabes que es fácilmente alquilable y que la escasez de oferta te llevará seguramente a conseguir un importe de alquiler elevado en comparación con una situación más equilibrada.

EL ANUNCIO Y LA SELECCIÓN DE INQUILINO

El anuncio

Ahora que tenemos los pasos previos en marcha es momento de anunciar el inmueble. Vamos a ver algunos consejos básicos al respecto.

Para ello podemos gestionarlo directamente nosotros mediante los típicos portales por internet, usar una agencia inmobiliaria o bien mediante un agente, en cuyo caso lo mejor sería un agente API (Agente de la Propiedad Inmobiliaria).

Publicando a través del API

El Agente de la Propiedad Inmobiliaria es un profesional cualificado cuya figura está regulada por el Real Decreto 1294/2007, de 28 de septiembre. Los distintos agentes API de cada zona forman un Colegio Oficial al igual que muchas otras titulaciones, por tanto puedes ver que es un profesional correctamente registrado y además el único que tiene potestad para realizar de agente inmobiliario en el caso de Cataluña (Decreto 12/2010, de 2 de febrero).

El Consejo General de los Colegios Oficiales de Agentes de la Propiedad Inmobiliaria (CGCOAPI) de España es la corporación nacional encargada de coordinar los Colegios API de los distintos territorios.

Ya comenté en la obra anterior que en mi primera experiencia justo después de poner el anuncio el primero en llamarme fue un agente API. Éste me explicó cómo funcionaban sus comisiones, que en este caso concreto corren a cargo del inquilino y se encargó de las visitas, la criba de estas, la redacción del contrato de alquiler y el testimonio del mismo.

A partir de ese momento la relación con el inquilino ya es responsabilidad tuya. Cabe decir que hay otro tipo de agentes que incluyen la gestión integral del inmueble, lo que habitualmente conlleva unas tarifas entre el 10 y el 15% del alquiler, aunque los hay más baratos y más caros, como de costumbre.

Personalmente desde que conocí los API ya no me ocupo de la publicación de los anuncios y de la ardua tarea de buscar y seleccionar inquilino, pero la gestión del día a día sí que la sigo llevando yo mismo, básicamente porque el número de inmuebles en cartera aún es relativamente bajo. Aun así debes contrastar qué persona te propone el API como inquilino, piensa que al agente le interesa terminar cuanto antes con las visitas, mucho más que a ti.

La gran ventaja del API es su conocimiento preciso del mercado local, optimizando por tanto el precio final. Piensa que este trabaja a comisión, por tanto a mayor precio de alquiler mayor facturación. Esto sin duda te ayudará, y a mí me ha sorprendido gratamente, consiguiendo precios finales que no creía posibles, en este caso la alineación de los objetivos de ambas partes es clara y eso ayuda mucho.

Normalmente el API tiene una agenda de propietarios e inquilinos de la zona, lo que ayuda a rotar los productos con cierta confianza. Además en el caso de nuevas visitas tiene una amplia experiencia en detectar futuros inquilinos no fiables, créeme cuando digo que tienen un sexto sentido que yo creo fruto de su dilatada experiencia.

Los API trabajan por zonas normalmente, así que si trabajas distintas zonas probablemente necesitarás un agente para cada una.

Publicación del anuncio

Fotografías

Si te decides por gestionar tú mismo la publicación lo primero que necesitarás son unas buenas fotos representativas del inmueble. Lo ideal sería contratar un fotógrafo profesional, algo casi obligatorio en el caso de la compraventa, sobre todo a partir de cierta categoría de inmueble. En el caso del alquiler quizás no sea tan necesario, especialmente si la demanda es muy alta, aun así si te decides por ello piensa que las fotos las podrás reutilizar cada vez que saques de nuevo un alquiler de la misma vivienda, si es que esta no ha variado demasiado.

Las fotos deben tener buena luz, en las que ve cómo entra el sol al inmueble le dan un añadido muy positivo. Evita decoraciones personales, y todo objeto que dé la sensación de desaliñado, como ropa tendida, camas por hacer, cocina por recoger, etc. Las fotos se suelen tomar con gran angular para dar mayor sensación de espacio y enseñar más detalles.

Algunos inquilinos pueden desconocer la zona, por lo que una foto interior del portal y del ascensor ayuda a hacerse una idea de las calidades comunes (y de la real existencia del elevador si es el caso). Evita fotos precisas y concretas de la fachada para no dar pistas a los okupas.

Plano en planta

Incluir un plano en planta del inmueble o un 3D ayuda mucho a hacerse una idea previa de este y su distribución (especialmente en el caso de estudios y de casas). Personalmente lo he realizado casi siempre con programas profesionales como AutoCAD y SketchUP, pero hay bastantes alternativas más sencillas y baratas para usuarios sin estos recursos. Pasemos a detallar algunas, desde más sencillas a más complejas.

Archifacile es una aplicación que destaca por su sencillez para elaborar planos 2D.

HomeByMe es una web que permite hacer tu diseño *online* con hasta 3 proyectos gratis en la bandeja. Permite poner de base la foto del plano o boceto que tengas y dibujar encima ajustando luego a la medición real final. El catálogo de productos es muy bueno lo que nos permite un acabado 3D realmente efectivo de una manera muy sencilla. Personalmente es la que más utilizo en la actualidad.

El ANUNCIO Y LA SELECCIÓN DE INQUILINO
EL ANUNCIO

Sweet Home 3D se puede instalar en tu ordenador o usar online (con Java instalado). En su diseño nos muestra a la vez el resultado en 2D y 3D, lo que lo hace muy intuitivo.

Floorplanner te permite hacer tu diseño 3D e incorporar mobiliario (este es precisamente su punto fuerte). Tiene una versión gratuita que nos bastará para nuestros objetivos. Si quieres un renderizado final en 3D tendrás que suscribirte a la versión de pago.

Roomskecther es una web que te permite hacer tu diseño *online* con vista 3D al cual le podemos añadir también mobiliario.

Amikasa permite generar tu diseño 3D tanto para computadoras Windows como para móviles iOS.

Skecthup es un programa de diseño gráfico 3D para PC que representa todo un referente en renderizados 3D. Un buen trabajo puede parecer casi tan real como una foto. Requiere mucho conocimiento y práctica; lo suelen usar agencias profesionales con auténticos delineantes especialistas. Dispone de un sinfín de galerías de mobiliario y detalles de decoración que encontrarás de manera gratuita en foros especializados. Es quizás el programa más complejo, pero los resultados son tan fascinantes (se usa en arquitectura, ingeniería civil, videojuegos y hasta películas) que no podía saltarme una explicación del mismo.

Aparte de los programas mencionados seguro que me he dejado un sinfín de aplicaciones para móvil, así que si ninguno de estos te acaba de convencer, investiga por tu cuenta ya que seguro que encontrarás alternativas.

Si todo esto te parece demasiado complicado no te preocupes, puedes publicar tu anuncio sin el plano como el resto de personas y lo alquilarás igualmente.

Descripción

En la descripción debes incluir los siguientes puntos:

- Tipo de vivienda: piso, dúplex, apartamento, casa, adosado, etc.
- Planta o altura
- Número de habitaciones
- Número de baños y aseos y descripción de baño/ducha
- Si dispone de recibidor
- Si dispone de terrazas, balcones o espacios exteriores
- Orientación y si recibe luz solar directa
- Si dispone de plaza de aparcamiento/garaje
- Si hay facilidad de aparcar en la calle o en zonas comunes
- Si dispone de trastero

Debes añadir una explicación de la zona (si es tranquila, si dispone de transporte público cercano...) así como características que destaquen del inmueble, como una reforma más o menos reciente.

Suelen incluirse en las descripciones la proximidad a supermercados y colegios, pero personalmente creo que esto es algo muy obvio que cualquiera puede comprobar por sí mismo.

Cuando termines de redactar la descripción repásala para revisar faltas de ortografía y ver si te has dejado algo. Sería interesante que se lo des a leer a alguien conocido para que te dé su opinión (cuatro ojos ven más que dos).

Privacidad

En tu anuncio no pongas nunca la dirección exacta, es más, cuando quedes con alguien es mejor que quedes en algún otro lugar (como un parque o una cafetería) y a partir de allí te dirijas al inmueble para proceder con la visita si el interesado te da la suficiente confianza. De esta manera evitas de nuevo dar pistas a los okupas (siento insistir en este aspecto tan lamentable, pero es que España es el paraíso de estos especímenes).

Tu número de teléfono móvil es de lo más privado y debería seguir siéndolo. No publiques tu número en el anuncio, y si te quieres curar en salud compra una tarjeta prepago para este tipo de tareas. De nuevo el hecho de usar un API nos ahorra esta molestia.

Si usas la tarjeta prepago la ventaja es que no tienes por qué activar WhatsApp, y así te evitas los docenas de mensajes de curiosos sin un interés claro. Al que le interese el inmueble que se moje y te llame.

Si tu anuncio es demasiado bueno o hay mucha demanda puede que recibas una avalancha de mensajes. Una vez cerradas ciertas visitas puedes apagar el teléfono para pausar las solicitudes, e incluso retirar de forma temporal el anuncio.

Certificado energético

Enseñar la calificación energética es de obligado cumplimiento para anuncios tanto de alquiler como de venta, pero es algo que verás que pocos anuncios cumplen.

En el caso de la compra venta no tiene más vuelta de hoja, porque finalmente se le exigirá al vendedor en la Notaría.

Verás muchos anuncios con ciertos truquitos, como poner que está en trámite o que incluyen la peor calificación posible, como justificando que si alguien accede en estas condiciones y luego mejorasen con el certificado final no se estaría engañando al inquilino. Esta última *trampa* es considerada como infracción muy grave, por lo que anunciar de esta manera es mucho más peligroso que simplemente dejarlo en blanco. Nada más lejos de la realidad, estos trucos ni de lejos se acercan a cumplir los requisitos establecidos por Real Decreto 253/2013 del 5 de abril.

El RD establece ciertas excepciones en su artículo 2.2 que quizás puedan ser tu caso, algunas de ellas son:

- Edificios con menos de 50m^2 (o parte de edificios aislados)
- Alquiler por máximo 4 meses

Aunque las sanciones no han sido mayoritarias el binomio riesgo/beneficio no merece la pena, teniendo en cuenta que poner el anuncio sin la etiqueta energética es una infracción leve y que formalizar el contrato sin esta es una infracción grave (artículos 4 y 5 de la Disposición adicional tercera de la Ley 8/2013, de 26 de junio). Las sanciones tipificadas por la citada ley son las siguientes:

- Infracciones leves: de 300 a 600€
- Infracciones graves: de 601 a 1.000€
- Infracciones muy graves: de 1.001 a 6.000€

La emisión del certificado energético tiene un coste muy asequible, siendo un rango de precios de 50 a 200€ lo habitual dependiendo de la superficie de la vivienda, características y ubicación. Su validez es de diez años, así que como puedes ver la repercusión de su coste anual es ridícula.

En la práctica las certificadores se acaban ofertando por metro cuadrado en la mayoría de veces, pero debes saber que es mucho más complejo analizar una casa aislada que un piso rodeado por otros. Los análisis se basan en principios de termodinámica, por tanto si tenemos un piso con vecinos arriba, abajo, izquierda y derecha el técnico sólo tendrá que calcular las fachadas que dan al exterior, considerando la normativa como el resto de paredes adiabáticas, es decir, se establece la hipótesis de que no hay pérdida de energía con la pared del vecino porque se da por hecho que este habita su propia vivienda y por tanto la calienta o refrigera según convenga.

Antes de contratar al certificador revisa que esté acreditado correctamente, pues el propietario ha de firmar un formulario en la entrega de la certificación haciéndose responsable. La certificación por parte de una persona no cualificada es de nuevo una infracción muy grave por parte de esta. El Real Decreto 235/2013 de 5 de abril establece los requisitos del técnico competente en su artículo 1 apartado p:

"Técnico competente: técnico que esté en posesión de cualquiera de las titulaciones académicas y profesionales habilitantes para la redacción de proyectos o dirección de obras y dirección de ejecución de obras de edificación o para la realización de proyectos de sus instalaciones térmicas, según lo establecido en la Ley 38/1999, de 5 de noviembre, de Ordenación de la Edificación, o para la suscripción de certificados de eficiencia energética, o haya acreditado la cualificación profesional necesaria para suscribir certificados de eficiencia energética según lo que ese establezca mediante la orden prevista en la disposición adicional cuarta"

Esta definición ha sido aclarada por el Ministerio de Energía, el cual ha establecido las siguientes titulaciones habilitantes:

- Arquitectos
- Arquitectos técnicos
- Aparejadores
- Ingeniero Aeronáutico
- Ingeniero Agrónomo
- Ingeniero de Caminos, Canales y Puertos
- Ingeniero Industrial
- Ingeniero de Minas
- Ingeniero de Montes
- Ingeniero Naval y Oceánico
- Ingeniero de Telecomunicación
- Ingeniero Técnico Aeronáutico
- Ingeniero Técnico Agrícola
- Ingeniero Técnico Forestal
- Ingeniero Técnico Industrial
- Ingeniero Técnico de Minas
- Ingeniero Técnico Naval
- Ingeniero Técnico de Obras Públicas
- Ingeniero Técnico Telecomunicación
- Ingeniero Técnico Topógrafo

- Ingeniero Químico

Tal y como se ha expuesto la certificación basa los cálculos en principios de termodinámica, algo que la mayoría de estas titulaciones llevan en sus programas académicos. Aparte de esto también entra en detalles de tipología de materiales y espesores, sistemas de calefacción y refrigeración, aislamientos y consumos energéticos.

Por internet tienes portales de certificadores calificados, por lo que encontrar uno es muy sencillo. Además, a día de hoy es un puro trámite administrativo, y por tanto la calidad del técnico certificador no tiene demasiada influencia, es decir una peor cualificación no va a hacer que pagues más impuestos ni que alquiles el inmueble por menor importe a día de hoy.

Por otro lado las recomendaciones de mejora incluidas en la certificación no son obligatorias y tampoco suponen ningún tipo de beneficio fiscal. Si las aplicas porque te salen a cuenta económicamente por ahorro de energía pues perfecto, pero no siendo la vivienda en la que vas a vivir tú personalmente dudo mucho que te merezca la pena.

La selección del inquilino

Ya tenemos el anuncio y en este caso hemos decidido que queremos realizar personalmente el proceso de selección. Veamos cuáles son los aspectos más importantes.

Preparación de las visitas

Dependiendo de tu agenda es interesante que intentes agrupar las visitas, por ejemplo en una mañana, una tarde o todo un día; especialmente si el inmueble queda algo retirado de tu hogar. La mayoría de los contactos se producirán tras los primeros días de publicar el anuncio, por ello si estás muy atareado mejor lanzar el anuncio cuando tengas un poco más de tiempo para atender a los interesados.

Como te encontrarás de todo, es importante que ya en la llamada telefónica realices la primera criba. Si por ejemplo quieres un inquilino con trabajo estable házselo saber de inmediato, así no perderéis el tiempo ninguno de los dos. Si el interesado miente entonces es su problema, pues tú ya le avisaste. Esta pequeña entrevista telefónica debería durar no más de cinco minutos, así que ve al grano:

- Cuántas personas convivirían y edad de las mismas
- Información laboral / antigüedad
- Dónde vive actualmente
- Por qué se traslada
- Cuándo necesita el inmueble

Dependiendo de la demanda quizás en esta primera ronda ya habrás acabado con las visitas, en cualquier caso un proceso de entre 1 y 3 semanas es bastante aceptable.

Personalmente mi meta es no perder más de un mes entre que se marcha un inquilino y entra otro, incluyendo alguna puesta a punto como un repintado por ejemplo. Aun así este proceso te puede llevar tranquilamente hasta 3 meses (hay casos en los que más), dependiendo del estado de la vivienda, la ubicación y sobre todo de la demanda.

Volviendo a las visitas, en el caso que las programes concentradas, como se ha mencionado antes, deja un margen de unos 30 a 45 minutos entre las mismas. Hay quien llegará antes y hay quien se retrasará; que se crucen dos candidatos no es problema, pues esto denota la competencia que hay por el inmueble. Lo habitual es que cada visita dure entre 15 y 30 minutos. Si no has dado la dirección a las visitas recuerda que tendrás que estar yendo y viniendo a por estas, o bien dar la dirección por teléfono justo antes de la visita, aunque si alguien no conoce la zona puede complicar el asunto un poco.

Por cierto, nunca he programado visitas con el inquilino actual aún en el inmueble. Prefiero la vivienda vacía y organizar las visitas tranquilamente además de poder realizar una puesta a punto. Como procuro que la rotación de los alquileres sea baja esto no supone un gran problema. Si en tu caso precisas hacer las visitas con el actual inquilino aun viviendo en el inmueble deberás pedirle permiso e informarle de las horas y días de visita con suficiente antelación.

Selección del inquilino

Bueno, ya has realizado las visitas y tienes una primera impresión de cada candidato. Lo ideal es que no te precipites a aceptar un trato en el momento de las visitas, diles que debes comprobar la documentación antes de decidirte. Para ello el seguro de impagos de alquileres es nuestro mejor aliado, e inclusive si no tienes pensado contratarlo es la excusa perfecta. Dile a cada interesado que te ha de enviar la documentación (que más adelante detallaré), y que hasta que no pase la aprobación del seguro no puedes decirle nada. Si realmente contratas el seguro lo habitual es que te contesten en menos de una semana, en ocasiones en menos de 48h.

Si hay alguien que te ha dado mala impresión te recomiendo que lo descartes (a no ser que no tengas más opciones). Si hay algo que de primeras no te cuadra con el tiempo se suele confirmar en negativo. No te creas que el caso contrario es garantía de éxito, hay gente especialista en poner buena cara cuando le interesa cambiando radicalmente el personaje en la realidad posterior. Pero al menos con este método habrás reducido las posibilidades de fracaso.

Solvencia del candidato

Si el candidato trabaja por cuenta ajena puedes solicitarle (aparte de lo que te pida el seguro):

- 3 últimas nóminas
- Última declaración de la renta
- Vida laboral (esto último es opcional, aparte quizás no lo tenga y su envío puede tardar una semana a no ser que disponga de certificado digital)

Si el candidato trabaja como autónomo tendría que entregar:

- Última declaración de la renta
- Declaraciones fiscales del IVA del último año

Si eres tú mismo quien va a gestionar la revisión de la documentación debes adoptar una postura similar a la del seguro o a la que tomaría un banco a la hora de otorgar un préstamo. Por eso lo primero que debes comprobar es el ratio de endeudamiento del candidato. A un inquilino que trabaja por cuenta propia le podríamos pedir un ratio que no supere el 35% mientras que en el caso del autónomo deberíamos establecerlo en un 30% (por tener mayor riesgo). Los porcentajes significan el importe del alquiler (y las deudas que tenga, es decir el endeudamiento total) respecto los ingresos netos mensuales.

Ejemplo de ratio de endeudamiento 1

Trabajador por cuenta ajena que ingresa 1.800€ al mes, además paga un préstamo de 180€ al mes por la compra de un vehículo y 80€ al mes por una compra a plazos que hizo en su entidad bancaria.

Aplicamos el ratio de endeudamiento del 35%:

1.800€x35% = 630€

A este resultado le debemos restar la deuda actual:

630€ - 180€ - 80€ = 370€

Este sería el precio máximo de alquiler que teóricamente este candidato puede permitirse para ser considerado solvente.

Ejemplo de ratio de endeudamiento 2

Cómo el ejemplo anterior se nos ha quedado corto en solvencia vamos a mejorar un poco las hipótesis para ver el mismo caso pero con datos más halagüeños. El mismo candidato del ejemplo anterior nos dice que los 1.800€ al mes son a 14 pagas. Y además su compañera trabaja a tiempo parcial con unos ingresos de 700€ al mes (12 pagas).

En este caso tenemos que calcular a cuanto equivalen mensualmente los 1.800€ a 14 pagas:

1.800€x14pagas/12 meses = 2.100€/mes

Calculemos el ratio teórico de endeudamiento máximo:

(2.100€+700€) x35% = 980€

A este resultado le debemos restar la deuda actual:

980€ - 180€ - 80€ = 720€

Este sería el precio máximo de alquiler que teóricamente este candidato puede permitirse para ser considerado solvente.

Ejemplo de ratio de endeudamiento 3

Tenemos un autónomo que nos da la declaración del IRPF y nos salen unos ingresos brutos anuales (retribuciones dinerarias) de 48.000€ y un rendimiento neto de 36.000€.

Este señor paga un *renting* mensual de 450€ por un vehículo, pero este *renting* lo desgrava como autónomo, por lo que no entra como gasto mensual como particular (no le resta dinero de su rendimiento neto).

Calculemos sus ingresos promedios mensuales:

35.000€/12 meses = 3.000€/mes

Calculemos el ratio teórico de endeudamiento máximo:

3.000€x30% = 900€

Cómo no tiene más deudas o préstamos este sería el importe final máximo de la cuota de alquiler al que puede hacer frente.

Cuidado con los grandes gastos recurrentes ocultos

Ojo con los gastos recurrentes que no son considerados deuda pero conllevan una obligación. El ejemplo mencionado del *renting* es el más claro; en el ejemplo que hemos visto del autónomo, estaba claro que supone un gasto como empresario que no nos afecta en el cálculo. Pero ¿qué pasa si esta misma operación la hace un particular? Pues que el contrato de *renting* no computa como deuda, pero en realidad es una obligación mensual que le resta dinero disponible. Además, no puede cancelar el contrato de *renting* por que le penalizan (es una hipótesis, hay *renting* flexibles que sí lo permiten), por lo que a efectos prácticos es lo mismo que una deuda mediante un préstamo.

Avales

En el caso de que tu candidato no cumpla los requisitos hay una manera de conseguir mejorar la solvencia mediante avalistas. Es el caso típico de alquilar a un estudiante que necesita el apoyo de los padres. En este caso estos deben firmar el contrato de alquiler en concepto de avalistas solidarios.

Sigue los procesos de cálculo de solvencia explicados con los avalistas y analiza la operación. En estos casos normalmente los inquilinos cuidan bien el inmueble y velan por pagar según el contrato de arrendamiento, pues en caso contrario los perjudicados finales serán los avalistas (los padres en el ejemplo) que ante la ley serán igual de responsables que el inquilino.

Comprobando las deudas y la morosidad

Puedes consultar el Fichero de Inquilinos Moros (FIM) por un coste de 24,95. Esta consulta se conoce como *FIM Score*.

Puedes pedir al inquilino que sea él quien solicite el certificado FIM, en este caso su coste es de 9,90€ y la información es similar.

Veremos en el capítulo de impagos que podemos registrar al inquilino en el FIM de forma gratuita.

Además de la comprobación del FIM es recomendable la consulta al CIRBE (Central de Información de Riesgos del Banco de España). Este nos dirá si el inquilino tiene préstamos, créditos, avales o garantías contratados con entidades de crédito. El problema es que esta información es confidencial y solo la puede solicitar el propio interesado. La solicitud es muy sencilla y la resuelven en un plazo máximo de 10 días, aunque normalmente tardan mucho menos. El candidato a inquilino lo puede solicitar de manera gratuita de forma presencial en cualquier sucursal del Banco de España, por correo ordinario o mediante certificado o firma digital.

Cuidado si el inquilino no ha sido residente fiscal en España durante el último año, pues puede que no aparezca la información que buscamos aun teniendo deudas pendientes.

También puedes consultar el fichero ASNEF (Asociación Nacional de Establecimientos Financieros de Crédito), aunque a día de hoy no es garantía ni para bien ni para mal, pues cualquiera puede estar registrado por impago (a veces voluntario) de una factura indebida de las pesadas compañías telefónicas, por ejemplo.

En el caso de querer comprobar si el inquilino tiene vehículo de *renting* no te queda más opción que la picaresca, intenta acompañarle a su vehículo y fíjate si tiene algún distintivo de alquiler, a veces está disimulado en el marco de la matrícula, y hay otras ocasiones en las que no llevan distintivo alguno, por lo tanto tampoco es garantía de nada.

Cabe decir que la mayoría de estas comprobaciones las hará el seguro de impagos de alquiler en tu lugar en el caso de que contrates esta póliza (excepto espiarle las pegatinas del coche...).

Comprobando su pasado como inquilino

Si la persona interesada busca un alquiler es probable que provenga de otro contrato. Puede haber mil explicaciones por las cuales decide cambiar de inmueble (motivos laborales, estudios, divorcio, etc.), en cualquier caso pregúntale abiertamente, de donde viene y por qué se muda.

En Reino Unido es habitual pedir referencias por escrito con el teléfono del anterior arrendador y se suelen comprobar antes de firmar el contrato. Como esto no es habitual en España y además tampoco es garantía de que sea cierto optaremos por un análisis en frío de cifras.

Le pediremos los justificantes bancarios de pago de los últimos 12 meses de su anterior alquiler. Comprueba las fechas de los mismos y mira si hay algún retraso notable (por ejemplo, algún retraso superior a 15 días). Si detectas alguno de estos retrasos pregúntale al candidato por el motivo del mismo, quizás se olvidó puntualmente de pagar un mes, o le cogió de viaje o recibió tarde la nómina. Lo importante es detectar la causa, ver que tiene una explicación razonable y que se trata de una acción puntual.

Inquilino en caso de vulnerabilidad social

Pongámonos en el contexto de que el futuro inquilino nos deja de pagar en el futuro.

La Ley 1/2000, de 7 de enero, de Enjuiciamiento Civil establece en el artículo 441 apartado 5, que si el demandado está en situación de vulnerabilidad social y/o económica se le notificará la posibilidad de acudir a los servicios sociales. Si estos servicios sociales estiman situación de vulnerabilidad lo notificarán al juzgado.

En la práctica lo que ocurre es que si el inquilino justifica la consulta a servicios sociales inclusive antes del lanzamiento probablemente se retrasaría el desahucio y se suspenda el lanzamiento.

Los casos habituales contemplados como riesgo de exclusión social son los siguientes:

- Mayores de 60 años
- Familias numerosas
- Familias monoparentales con hijos a cargo o con un hijo menor de edad
- Familias con un miembro con discapacidad igual o superior al 33%
- Familias con un miembro en situación de dependencia
- Familias con un miembro con enfermedad que le incapacite para la actividad laboral
- Familias en las que exista una víctima de violencia de género

Estos son sólo algunos de los criterios que recoge la Ley 1/2013, de 14 de mayo, en este caso de protección de deudores hipotecarios. Pero sin duda son una buena referencia. Una situación económica mala también puede ser considerada cómo vulnerabilidad, como sería el caso de un cabeza de familia en situación de desempleo y/o con percepción de subsidio, exreclusos, minorías étnicas o inmigrantes.

Dejando aparte los criterios personales de cada uno, pues la situación parece bastante clara, otro dato que puedes pedirle al inquilino es el certificado de antecedentes penales. No es algo que se realice de forma habitual, pues los candidatos suelen tener buenas referencias, pero en cualquier caso es otro trámite gratuito que puede solicitar nuestro candidato de forma *online* en la sede electrónica del Ministerio de Justicia.

EL CONTRATO DE ALQUILER

Veremos en este apartado diferentes aspectos de índole jurídica del contrato de arrendamiento. Los contratos de inmuebles cómo vivienda están regidos por la Ley 29/1994, de 24 de noviembre, de Arrendamientos Urbanos, cómo bien sabemos. Diferentes artículos de la mencionada ley regulan cómo debe ser el contrato, así como características del mismo y los motivos de extinción, entre otros aspectos.

Duración del contrato

El contrato de alquiler de un inmueble para uso como vivienda debe ser de un mínimo de 5 años si el arrendador es una persona física o 7 años si se trata de una persona jurídica.

En el caso que se haya firmado una duración de contrato inferior a lo definido en el párrafo anterior, (o bien no se defina duración en el contrato) este se prorrogará de manera automática y anual hasta alcanzar la duración que define el artículo 9 de la LAU (5 y 7 años como se ha expuesto anteriormente).

Prórrogas

El arrendador debe avisar con 4 meses de antelación antes del fin de contrato y el inquilino con 2 meses en caso de que alguna de las partes no esté interesada en la prórroga del contrato.

Caso de que no se haya dado ninguno de los preavisos mencionados, el contrato se entiende prorrogado por un año hasta un máximo de 3 anualidades adicionales.

Extinción del contrato

El contrato de arrendamiento puede llegar a su fin por diferentes motivos, tales como la voluntad de las partes, el desistimiento del inquilino, el incumplimiento de determinadas obligaciones de alguna de las partes o por la llegada de la fecha de extinción del contrato, entre otros motivos. Veamos las situaciones más habituales.

Desistimiento del contrato por parte del inquilino

Una vez transcurridos los 6 primeros meses, el inquilino podrá rescindir el contrato con un preaviso de 30 días con una penalización máxima proporcional de una mensualidad por año pendiente de contrato.

El desistimiento está regulado por el artículo 11 de la LAU. Cabe decir que ambas partes pueden pactar la extinción del contrato de mutuo acuerdo sin penalización.

Resolución del contrato por incumplimiento

Un motivo de resolución de contrato es el incumplimiento de este por alguna de las dos partes. Esto viene definido en el artículo 27 de la LAU y lo resumiremos en los párrafos siguientes de este apartado.

Algunos de los incumplimientos habituales por parte del inquilino que dan lugar a la resolución del contrato son:

- Impago de la renta o de otras cantidades que le correspondan
- No pagar la fianza o las correspondientes actualizaciones de fianza
- La realización de daños causados dolosamente en la finca o de obras no consentidas por el arrendador cuando el consentimiento de éste sea necesario
- Cuando en el inmueble tengan lugar actividades molestas, insalubres, nocivas, peligrosas o ilícitas
- Cuando la vivienda deje de estar destinada de forma primordial a satisfacer la necesidad permanente de vivienda del inquilino o de quien efectivamente la viniera ocupando (art. 7 de la LAU)
- El inquilino subarrienda o cede el inmueble sin el consentimiento del arrendador

Algunos de los incumplimientos por parte del arrendador que dan lugar a la resolución del contrato son:

- Cuando el arrendador no ejecute las obras o reparaciones pertinentes (art. 21 de la LAU).
- Cuando el arrendador perturbe la sana utilización de la vivienda.

Aparte de lo expuesto anteriormente he de añadir que la parte perjudicada podrá solicitar el resarcimiento de daños y abonos de intereses a la parte contraria a tenor del artículo 1124 del Código Civil.

Resolución judicial

En las situaciones expuestas anteriormente y en el caso de que no se rescinda el contrato de forma voluntaria por incumplimiento de una de las partes el siguiente paso es la demanda judicial.

En el caso de que el inquilino haya dejado de pagar la renta, el arrendador deberá interponer una demanda por impago de alquiler (o desahucio por falta de pago).

En el caso que haya llegado la fecha de finalización del contrato y el inquilino no abandone el inmueble, el arrendador debe interponer demanda de desahucio por expiración del plazo.

Veremos estos procedimientos judiciales en mucho más detalle en el apartado sobre cómo reclamar el impago del alquiler.

Subarriendo

El inmueble no se puede subarrendar (volver a alquilar a un tercero por parte del inquilino) a no ser que se tenga el consentimiento por escrito del arrendador (artículo 8 de la LAU).

Inventario

Te recomiendo que añadas un apartado donde definas el inventario en todo el grado de detalle que puedas y adjuntar un anexo fotográfico del inmueble y sus enseres al final del contrato (y que las partes firmen todas las hojas del contrato).

La fianza y las garantías adicionales

El concepto de fianza está regulado por el artículo 36 de la Ley de Arrendamientos Urbanos (LAU) al que nos referiremos de manera reiterada.

Importe de la fianza

La fianza es equivalente a una mensualidad de renta (en alquileres de viviendas o 2 mensualidades para uso distinto a vivienda), acorde a lo establecido en la LAU, artículo 36.1. Se pueden pactar garantías adicionales en contratos de 5 o 7 años de duración (según corresponda), estas no excederán de dos mensualidades (art.36.5 LAU) como veremos más detalladamente en breve.

Cabe diferenciar el concepto de fianza y el de garantía, que a menudo llevan a confusión. La fianza tiene un carácter principalmente público, por ello se distingue de la garantía complementaria. La fianza será la cantidad que se deposite al organismo regulador. Este carácter público es el que hace de la fianza un concepto imperativo, si bien la partes pueden pactar la no existencia de esta y en este caso el arrendador deberá depositar dicho importe ante el organismo regulador, es decir subsiste la obligación del depósito. Mi humilde interpretación de la LAU concluye que la fianza es obligatoria, pues se especifica en el punto 4 del preámbulo y el artículo 36.1, además se define cómo incumplimiento por parte del arrendatario (art. 27.2b LAU). Los pactos entre partes no pueden ser contrarios a la ley (art. 1.255 del Código Civil), razón por la cual concluyo que no se puede incluir dicha excepción (la de no incluir la fianza).

Cuando se formalizan prorrogas del contrato la fianza depositada sigue teniendo validez hasta que se dé por extinguido el arrendamiento. Ahora bien, tanto el arrendador como el arrendatario pueden exigir que se actualice para que el importe equivalga a la mensualidad actual (art.36.2 LAU).

Depósito de la fianza

En la mayor parte de España el depósito de la fianza ante el ente regulador es obligatorio, como puedes consultar en el Apéndice 1. Actualmente solo el Principado de Asturias, Cantabria y la Comunidad Foral de Navarra son los territorios donde el depósito de la fianza no está regulado oficialmente.

Independientemente de si la fianza es depositada o no, esto no invalida el contrato de alquiler, lo cual debe quedar claro.

El arrendador tiene la obligación de depositar la fianza ante el organismo correspondiente en los plazos establecidos, que en su mayoría rondan el mes (aunque hay plazos más reducidos como puedes ver en el Apéndice 1).

Por cierto, en el ejercicio del depósito de la fianza hay organismos que solicitan copia de la cédula de habitabilidad y del certificado energético. Por otro lado hay Ayuntamientos que sin el registro de la fianza no permiten el empadronamiento.

Actualización de la fianza

La actualización de la fianza será acorde a lo estipulado entre las partes (art.36.3 LAU), y si no se determina lo contrario se entenderá que se actualiza de igual manera que la renta.

Dicho esto debes analizar si te merece la pena meterte en el jardín de la actualización de la renta, ya que esto te obliga a perseguir al inquilino para que te aporte la parte faltante, y en el caso de que la actualización sea negativa debes retornarle parte de la fianza.

Por otro lado, teóricamente la fianza actualizada la deberías depositar ante el organismo regulador, aunque te avanzo que si no hay firma de prórrogas no lo suelen mirar.

A modo práctico sugiero redactar en el contrato el concepto de fianza como cantidad fija salvo que el arrendador decida actualizarla conforme a la cláusula de indexación definida. De esta manera te ahorras actualizaciones pero te reservas el derecho por si en algún momento te lo repiensas.

Devolución de la fianza

Al terminar el contrato de arrendamiento, el arrendador acudirá al organismo de depósito y solicitará la devolución de la misma, que habitualmente se recupera en un plazo de 15 días.

El arrendador debe devolver la fianza al inquilino en un plazo de un mes desde la entrega de llaves, a partir de entonces la demora implicará intereses legales (art.36.4 LAU). Ahora bien, varias sentencias judiciales han interpretado el mes establecido en la Ley como tiempo máximo, independientemente de la aplicación de intereses legales. Esta demora se suele dar en estas situaciones:

- El organismo regulador ha tardado más de lo esperado en devolver la fianza al arrendador
- El arrendador se ha retrasado en la solicitud de la devolución de la fianza al regulador
- El arrendador está reteniendo la fianza porque han quedado flecos (como liquidación de facturas de servicios, reparación de desperfectos...)

En cualquier caso, a tenor de las sentencias judiciales, estas justificaciones no invalidan la obligación del arrendador de devolver la fianza en el plazo establecido legalmente. El momento de entrega de llaves se considera el punto a partir del cual empieza a contar el tiempo, pues se produce la devolución efectiva de la posesión, así que si eres inquilino apresúrate a definir fecha para ello.

Usos de la fianza

La fianza se presta en garantía del cumplimiento de las obligaciones contractuales por parte del arrendatario. Estas obligaciones las podemos distinguir en obligaciones de mantenimiento y conservación y obligaciones económicas (tales como rentas pendientes, servicios y suministros).

Para evitar que el inquilino use la fianza para saldar el último mes pendiente y nos quedemos sin garantías, el punto que suelo incluir para prohibir esto en el propio contrato de arrendamiento es el siguiente:

El Arrendatario no podrá bajo ningún concepto destinar el importe de la fianza para el pago de la última mensualidad de renta del contrato, ya sea por la finalización natural del contrato o aún cuando se produzca por rescisión anticipada.

Esto que tiene mucha lógica está respaldado por diferentes sentencias judiciales, por lo tanto la jurisprudencia nos da la razón en este caso.

Los daños por uso normal de la vivienda no son reclamables al arrendador.

El propietario no devuelve la fianza. Qué puede hacer el inquilino

En el caso que el propietario no devuelva la fianza en el tiempo establecido y sin justificación alguna el inquilino puede optar por las siguientes vías de reclamación.

Opción 1: Aviso inicial burofax mediante

Es el paso inicial y más sencillo. El inquilino avisa de la obligación del propietario de la devolución de la fianza y caso contrario se establecerán las medidas legales oportunas.

Opción 2: Mediación

Hay Comunidades Autónomas como Madrid o el País Vasco donde existe el servicio de arbitraje y además se debe acudir a este antes de emprender acciones legales.

Opción 3: Proceso monitorio

Para demandas por debajo de los 2.000€ no se precisa abogado ni procurador, por lo que basta con presentarse ante el Juzgado de Primera Instancia con el contrato de alquiler y la documentación adicional de que se disponga para justificar la deuda (en este caso la fianza) e interponer la demanda por reclamación de cantidad. Se puede solicitar el proceso monitorio por el cual el Juzgado envía un requerimiento al deudor (propietario) indicando que debe abonar la cantidad debida en un plazo de 10 días o de lo contrario se procederá a la ejecución. En caso de alegación el proceso pasará a juicio verbal para cantidades por debajo de 6.000€ o a juicio ordinario en caso contrario.

Este procedimiento (monitorio) lo puede llevar un abogado si así te sientes más cómodo con ello (es muy recomendable). El siguiente paso que sería el proceso declarativo precisa de abogado y procurador de manera preceptiva.

Opción 4: Demanda judicial

En este caso la última opción es la demanda judicial, jurídicamente conocida como proceso declarativo. El juicio será verbal para importes inferiores a 6.000€ o juicio ordinario en caso contrario. En ambos casos incurrirá en costes de abogado y procurador, que supuestamente recuperarás tras la sentencia judicial (excepto en casos de insolvencia y otras casuísticas).

Ejemplo real de liquidación

Una vez expuesta toda la parte teórica quería mostrar un ejemplo para ilustrarte un poco en lo que a situaciones reales se refiere.

Tuve un inquilino que convivió con un gato sin dármelo a conocer (estando prohibido en el contrato de arrendamiento firmado). Digamos que tuve conocimiento del gato una vez ya firmado el contrato. En su día el inquilino decidió rescindir el contrato por motivos laborales y procedimos a la inspección del inmueble.

Además, el inquilino había pasado cable de antena de TV durante varios metros para dar toma a una habitación, lo cual dañaba la pintura y la estética (daño 1). Había una mosquitera para salir a la terraza altamente arañada por el gato (su instalación me costó más de 1.000€) (daño 2). Por último tenía un sofá *chais longue* de polipiel blanco *de película* con arañazos del gato en 3 esquinas (daño 3).

En la negociación de la fianza acordamos:

Daño 1: le retenía 150€ por daños en pintura

Daño 2: se comprometió a cambiar la tela de la mosquitera, algo que efectivamente hizo

Daño 3: un tapizado del sofá hubiera costado varios cientos de euros, por lo que calculé la amortización del mismo. Tenía 5 años de uso, si calculaba una vida útil del sofá de 12 años y un coste de compra a precio de outlet de 1.200€ (me fui a 200km a comprarlo) nos da una amortización anual de 100€ al año. Al final teniendo en cuenta que el sofá aún se podía aprovechar (aunque perdía su toque VIP) le retuve 250€. Sé que la retención no tiene mucho que ver con la amortización calculada, pero es una forma de tener una referencia, si hubiese sido estricto y dijese: tengo que tirarlo, la amortización disfrutada sería de 500€ y la vida residual del mismo 700€ (lo que me pareció una penalización desmesurada).

Las lecturas de los servicios (luz, agua y gas) las liquidamos posteriormente, pues ya teníamos las facturas una vez recuperada la fianza depositada en la Administración.

Garantía adicional

La garantía adicional es un importe adicional a la fianza (esta con regulación propia tal y como se ha visto) para complementarla. Está regulada por el artículo 36.5 LAU y para contratos de hasta 5 años (o 7 si el arrendador es persona jurídica) no puede exceder de dos mensualidades de la renta.

Este importe se puede usar para saldar posibles desperfectos (o incumplimiento de las obligaciones arrendaticias) y no requiere su depósito en el organismo regulador, como sí suele ocurrir en el caso de la fianza.

Por tanto, si sumamos los dos meses de garantía adicional se le podría pedir un máximo de 3 mensualidades al inquilino (1 mes de fianza y 2 de garantía adicional) o 4 en el caso de que se alquile para uso distinto de vivienda (2+2). Pero con estas condiciones es difícil que encuentres un inquilino para tu inmueble, al menos en el mercado español actual.

Si además de las garantías adicionales y el seguro de impagos se añadieran avalistas al contrato de alquiler tendríamos un contrato blindado desde el punto de vista de cobertura económico-jurídica. O al menos protegido al máximo que nos permite la legislación y los productos de cobertura actuales.

Inscripción del contrato en el Registro de la Propiedad

¿Es obligatoria la inscripción del contrato de alquiler en el Registro de la propiedad? NO

¿Aporta beneficios al arrendador dicha inscripción? Mayoritariamente NO

¡Fin del apartado!

Bueno, vamos a desarrollar un poco más, para que conozcas en detalle este trámite y sus implicaciones, ya que está bien estar informado sobre todo para saber las posibles consecuencias.

Lo primero que debes saber es que este trámite encarece el proceso, porque primero debes elevar a público en Notaría el contrato de arrendamiento y posteriormente tramitar su inscripción en el Registro de la Propiedad.

Por otro lado una vez finaliza el contrato no siempre es sencillo proceder a su cancelación.

Si es el inquilino quien exige el registro y accedes a ello lo lógico sería que el primero asumiera los costes.

Ventajas para el propietario

La única ventaja (relativa) para el arrendador es la posible recuperación "inmediata" del inmueble en caso de impago. En la práctica va a necesitar seguramente la intervención judicial de igual manera, pero el plazo para tramitar el desahucio se reduce a 10 días tras la notificación.

¡Fin de las ventajas para el arrendador!

Ventajas para el inquilino

La inscripción registral garantiza al inquilino que en caso de venta del inmueble (o embargo, que al fin y al cabo es una venta forzada) el nuevo propietario se subroga al contrato existente. Por tanto el contrato de alquiler sigue vigente, y sólo cambia la parte arrendadora.

En cualquier caso el inquilino tiene garantizado el contrato de alquiler durante los primeros 5 años (artículo 14 de la LAU), independientemente de si este ha sido registrado.

Si la venta del inmueble fuera posterior al quinto año de vigencia del contrato el nuevo propietario podrá extinguir el mismo, siempre y cuando actúe de buena fe. Para ello este nuevo propietario debería desconocer que existía el contrato de arrendamiento y además haber adquirido la vivienda tras un precio pactado al vendedor que debe aparecer como titular en el Registro de la propiedad.

Dicho de otra manera, el nuevo comprador estaría actuando de mala fe si no se adhiere al contrato de arrendamiento vigente en cualquiera de estos casos:

- Fuera conocedor de la existencia del contrato de arrendamiento
- Si el contrato de alquiler estuviera inscrito en el Registro de la Propiedad
- Si el inmueble no está inscrito en el Registro de la Propiedad
- Si se hubiera adquirido el inmueble a una persona distinta a la que consta titular en el Registro de la Propiedad
- Si no hubiera mediación de precio en la compraventa (es decir fuera adquirido el inmueble de manera gratuita)

Por tanto si el inquilino pretendiera un contrato de alquiler de muy larga duración sí que le interesaría la inscripción registral del mismo.

En caso de que el inmueble saliera a subasta judicial (por embargo del propietario) al inquilino le conviene la inscripción registral también. De esta manera el secretario judicial solicitará al inquilino el ingreso de la renta a la cuenta bancaria del Juzgado y el adjudicatario se verá obligado a subrogarse al contrato de alquiler. Y si no se produce el decreto de remate del proceso de subasta, el inquilino tiene un contrato de alquiler con el Juzgado, que probablemente pueda durar bastante tiempo (a no ser que el inquilino extinga el contrato antes).

Gestión de los servicios

Veremos ahora las distintas maneras de enfocar la gestión de los servicios básicos, dependiendo también del tipo de contrato de alquiler.

Servicios en el caso de alquiler por habitaciones

En este caso queremos que el inquilino disponga de todas las comodidades disponibles, por lo tanto es altamente recomendable incluir el servicio de internet en el precio. Piensa que normalmente el inmueble se alquila a estudiantes, y para la juventud internet es tan necesario como el agua.

Como el coste de los servicios se repercutirá en el precio pero este es limitado, nos interesan unos servicios lo más económicos posibles, por eso revisa bien tus contratos, hay cantidad de ofertas muy buenas por los servicios de agua y luz, ni qué decir de los servicios de internet. Domicilia estos servicios para no estar pendiente de los pagos pendientes y así evitar algún susto.

Respecto a la instalación de cocina de gas o vitro, en general el gas suele ser algo más económico, a no ser que el inquilino use la calefacción de gas natural sin medida, algo que notarás especialmente si el inmueble está mal orientado y es frío. Por seguridad es mejor no tener instalación de gas, pero hay veces en las que esto no es una opción.

Si ves que los costes mensuales se disparan siempre puedes negociar el importe de los servicios aparte, pero siempre que puedas inclúyelo. Puedes indicar una cláusula en el contrato para que los inquilinos asuman facturas que en promedio superen un umbral que pactéis.

Servicios en el caso de alquiler tradicional

En el caso de alquiler tradicional intentaremos que el número de servicios contratados sea el mínimo posible, descartando los no esenciales.

En este caso nosotros como caseros no daremos de alta los servicios de telefonía fija o internet. Hoy en día todo el mundo usa teléfono móvil, y el que quiera internet que se encargue de contratarlo, es un trámite rápido y que además suele tener una permanencia, lo que nos dejará un inquilino relativamente más fiel al inmueble.

Como se ha mencionado antes, si puedes pasar sin instalación de gas y tenerlo todo eléctrico mucho mejor. No solo por seguridad, sino por mantenimiento. El coste de una caldera es muy superior al de un termo eléctrico, aparte de que para reparar el primero necesitarás de un instalador, mientras que si cambias el segundo puedes hacerlo tú mismo (o cualquier manitas). Piensa que será el inquilino quien tenga que acostumbrarse a la gestión horaria del termo, no tú, y si has instalado algo decente en capacidad no debería haber mayor problema.

La centralización de los servicios de gas/electricidad en sólo electricidad no es tan eficiente, pero el sobrecoste lo pagará el inquilino y a cambio ganas en seguridad, en simplicidad de gestión y en costes de mantenimiento/reparación. Recuerda que la instalación de gas se debe revisar por ley cada 5 años.

Dicho esto hay diferentes maneras de enfocar la contratación y el pago de los servicios básicos. Vamos a ver los pros y contras de cada opción.

Cambio de titular

En esta opción el propietario tiene los contratos a su nombre y los cambia a favor del inquilino, obviamente con el cambio de número de cuenta de domiciliación. De esta manera el inquilino es directamente responsable ante la compañía.

El inconveniente es que si el inquilino deja de pagar los servicios tú no tendrás constancia y cuando quieras volver a alquilar el inmueble tendrás que saldar la deuda pendiente o en caso contrario tramitar una nueva acometida, cosa que probablemente te salga más cara.

Cambio de nº de cuenta

Personalmente es la opción que más me gusta aunque no hay una solución perfecta. En este caso el propietario sigue siendo titular de los servicios y simplemente inserta el número de cuenta del inquilino (con el permiso de este) en el contrato (normalmente este servicio se puede hacer online o por teléfono).

El principal problema aquí es que en caso de impago la deuda recae sobre el propietario directamente, porque es el titular. La única salida en este caso sería la rescisión del contrato de alquiler, juicio mediante si es preciso (en este caso el seguro de impagos nos sirve mucho). Pero tal y como hemos expuesto anteriormente el dar de alta las acometidas suele ser más costoso que las deudas pendientes (depende del caso, pero suele ser así).

Recuerda que en ningún caso puedes dar de baja los suministros, aun a falta de pago por parte del inquilino, estos son considerados un servicio básico y te puedes meter en un buen lío si vas por esta vía (puede ser considerado falta o delito de coacciones).

Para tu tranquilidad puedes consultar periódicamente el estado de los pagos de los suministros. Como recomendación te diría que lo compruebes un mínimo de una vez al semestre.

Para validar la domiciliación bancaria a nombre del inquilino necesitarás que este te firme la orden SEPA que te facilitará la propia compañía del suministro.

Revisión de precios

La revisión de precios, también conocida como indexación, actualización de la renta o revisión de la renta, vio modificadas las condiciones en la última revisión de la Ley de Arrendamientos Urbanos (LAU).

Esta revisión ha sido en detrimento del arrendador, pero si lo tenemos en cuenta nos afectará mínimamente.

La primera modificación sustancial radica en que salvo pacto expreso entre partes no se actualizará el precio del alquiler durante el contrato. Por tanto, te aconsejo incluyas la cláusula de revisión de precios en tu borrador del contrato de alquiler, si luego decides usarla ya la tienes, también puedes renunciar a actualizar los precios si así lo decides.

Este es el párrafo que añado en mis contratos de alquiler:

Durante la vigencia de este contrato el canon mensual pactado o cualquiera de sus prórrogas serán objeto de revisión anualmente, aumentándolo o reduciéndolo en la misma proporción del índice resultante, según la variación de los índices de precios al consumo que a tal efecto fije el Instituto Nacional de Estadística, u organismo que lo sustituya, tomando en todo caso como base de la misma el canon resultante de la última revisión de conformidad con lo establecido en el artículo 18 de la Ley de Arrendamientos Urbanos.

Si en el momento en que debiera practicarse la revisión, no hubieran sido publicados los índices aplicables, a elección de la arrendadora, esta podrá practicar las revisiones a cuenta y con carácter provisional con base a los últimos índices publicados, practicándose posteriormente las adaptaciones que correspondan, o podrá girar un recibo complementario en el momento de haberse publicado los índices correspondientes, con efectos retroactivos al momento en que hubiera debido producirse la revisión.

El índice actualizador consistirá en aplicar a la renta correspondiente a la anualidad anterior la variación porcentual experimentada por el Índice de Precios al consumo del período de doce meses inmediatamente anteriores a la fecha de cada actualización.

En cualquier caso, la arrendadora se reserva la posibilidad de no realizar la actualización, caso de realizarse esta se practicará a fecha XX de XXXX de cada año natural, sin perjuicio de que, caso de no disponer del índice de precios al consumo en aquella fecha, la practique posteriormente con efectos retroactivos a la fecha indicada y con independencia del mes en que se iniciare el arrendamiento.

Hay cierto debate en el caso de que el contrato de alquiler principal no actualice la renta si tiene el derecho de actualizarlo en la prórroga. La Ley no lo deja claro, pero se entiende libertad entre partes para pactarlo. En cualquier caso, tal y como se ha expuesto antes, añade la cláusula de actualización y así siempre la tendrás para poder usarla.

Ten en cuenta que con la decadencia de la economía entra dentro de las posibilidades que la inflación resultante sea negativa (como ya sucedió en 2020), así que tenlo en cuenta de cara a tu decisión final. Quizás no te interesa actualizar la renta y prefieras saber que vas a tener un flujo constante de dinero del mismo importe por los próximos 5 años.

La segunda modificación sustancial que introduce la LAU es que limita la actualización del precio del alquiler, que no podrá exceder el Índice de Precios al Consumo a fecha de cada actualización. Este cambio es significativo, pues anteriormente podíamos introducir por ejemplo un incremento constante del 2,5% anual o lo que considerásemos, ahora esto ya no es posible.

Consulta de Índice de Precios del Consumo (IPC)

El Instituto Nacional de Estadística (INE) nos pone en bandeja la revisión de precios y dispone de un apartado específico en su web para ello. Solo con entrar en la página puedes encontrar un icono en el que pone IPC.

EL CONTRATO DE ALQUILER
REVISIÓN DE PRECIOS

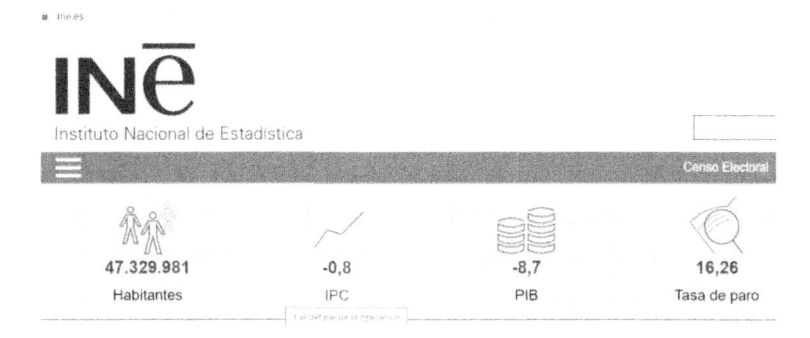

Una vez dentro, al final de la página hay un acceso directo para actualizar la renta:

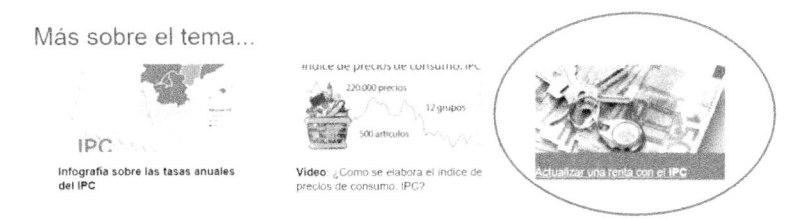

También puedes llegar directamente con la siguiente url: https://www.ine.es/calcula/

Calculemos una actualización de 1.000€ revisada en octubre como ejemplo:

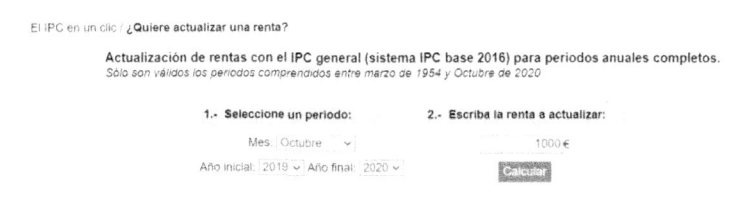

Tal y como se avanzó en el apartado anterior, el IPC ha resultado negativo, lo que nos obligaría a reducir la renta:

EN CASO DE FALLECIMIENTO

A la muerte del inquilino o del arrendador, el contrato de alquiler no queda automáticamente terminado (en la mayoría de los casos) a pesar de la creencia popular.

Cabe decir que las situaciones que ahora se expondrán aplican al contrato de alquiler de vivienda habitual legislados por la Ley de Arrendamientos Urbanos.

Qué ocurre si fallece el inquilino

Parientes con derecho a subrogación

Si fallece el inquilino, a tenor del artículo 16 de la LAU, adquieren el derecho a subrogarse a los siguientes familiares:

- Pareja, siempre y cuando se dé uno de estos supuestos:
    - Sea el cónyuge (matrimonio).
    - Pareja afectiva con convivencia de al menos 2 años.
    - Tengan descendencia en común.
- Hijos o nietos que cumplan uno de estos requisitos:
    - Estuvieran bajo la tutela o patria potestad del fallecido.
    - Convivencia habitual los 2 últimos años.
- Padres del fallecido con convivencia los últimos 2 años.
- Hermanos del fallecido con convivencia los últimos 2 años.
- Parentesco hasta tercer grado con minusvalía superior al 65% y convivencia los últimos 2 años.

En caso de que haya varios parientes interesados y sujetos al derecho de subrogación, el mismo artículo en su segundo apartado establece los criterios de prioridad.

Situaciones de extinción del contrato

No existen familiares con derecho a subrogación

Si tras el fallecimiento del inquilino no existiera ninguno de los anteriores familiares con derecho a subrogación quedaría extinguido automáticamente el contrato.

Los familiares no han comunicado su interés por subrogarse en un plazo de 3 meses

Ahora bien, ante la duda el arrendador debe esperar a que se cumplan 3 meses desde el fallecimiento, que es el pazo que establece la LAU para reclamar el derecho a subrogación. Pasados estos 3 primeros meses si no ha habido comunicación alguna se da por extinguido el contrato.

Cláusula de renuncia a la subrogación

El contrato puede incluir una cláusula de renuncia a la subrogación pero respetando los 5 primeros años (en caso de arrendador persona física) o 7 años (si es persona jurídica) siempre y cuando no afecte a personas en situación de vulnerabilidad, ni afecte a menores de edad, personas con discapacidad o personas mayores de 65 años.

Qué ocurre si fallece el arrendador

El título de este apartado no es casualidad, no lo hemos querido llamar *Qué ocurre si fallece el propietario*, porque jurídicamente son conceptos distintos.

Como bien sabrás la plena titularidad de un bien (pleno dominio) se divide en:

- Nuda Propiedad: Titularidad del bien
- Usufructo: Derecho de uso del bien

La ley contempla diferentes casuísticas en función de si el arrendador es propietario o usufructuario.

Si el arrendador es solo un usufructuario

En este caso el contrato de alquiler se da por extinguido con el fallecimiento del arrendador, a tenor del artículo 13.2 de la LAU. La ley en este caso no menciona el fallecimiento, pero sí que menciona la extinción del derecho del arrendador, esto es el derecho al usufructo o posesión.

Es obligación del arrendador notificar su condición de usufructuario al arrendatario en el momento de la firma del contrato (idealmente que quede reflejado en este), ya que esto altera los derechos del inquilino.

El propietario del inmueble puede ofrecer la subrogación del contrato de alquiler al inquilino si este último lo acepta.

Si el arrendador es propietario

Si fallece el arrendador propietario son sus herederos los obligados a continuar con el contrato de arrendamiento.

En este caso la LAU no menciona nada del fallecimiento del arrendador propietario, y por tanto queda regulado por los artículos 657, 659, 661 y 1257 del Código Civil que vienen a resumir los expuesto en el anterior párrafo.

Qué pasa si no hay herederos

En este caso el inmueble pasará a titularidad pública. El inquilino debe seguir ingresando la renta en la cuenta habitual hasta nuevo aviso siempre y cuando la cuenta del fallecido no haya resultado congelada.

Qué pasa si hay varios herederos

En el caso que los herederos se pongan de acuerdo y notifiquen al inquilino por escrito del nuevo nº de cuenta en el que hacer el ingreso y la nueva persona de contacto ya quedaría todo normalizado. Hay que tener en cuenta que todos los herederos son coarrendadores, por ello la importancia de que definan quien será el representante. Este caso se da también si aún no se ha repartido la herencia (comunidad hereditaria).

En caso de que los herederos no se pongan de acuerdo y la antigua cuenta bancaria del fallecido ya no esté operativa el inquilino siempre puede optar por realizar una consignación judicial o notarial.

Qué pasa si hay un heredero usufructuario

Puede darse el caso que la herencia se reparta entre nuda propiedad y usufructo. En este caso el usufructuario es quien se subrogaría al contrato de alquiler en sustitución del arrendador fallecido.

EL DÍA A DÍA DEL ALQUILER

Comunicación con el inquilino

El trato con el inquilino debe ser cordial, enfocado como un profesional. Debes tratarlo como tu cliente, pero de manera asertiva, es decir, resuelve los problemas que surjan y sean tu responsabilidad como arrendador, pero no intentes ser su amigo.

Entablar algún grado de amistad no te aportará en general nada positivo, en cambio puede hacer que flaquees en cierta toma de decisiones.

Esta asertividad, que podría confundirse con ser soso, seco y cualquier calificativo parecido es la clave como propietario. Insisto, vamos a resolver los problemas pero no queremos que nos tome por su *colega.*

En el caso que no tengas noticias del inquilino desde hace tiempo, es recomendable contactar con él para confirmar que está todo bien. No basta con ver que te ha realizado el ingreso, podría estar enfermo y que la orden del banco sea automática, inclusive podrías encontrarte con que ha fallecido y tú sin enterarte... Personalmente contacto con los inquilinos al menos una vez por semestre, aunque sea solo enviar un WhatsApp y decir "Hola! ¿Está todo bien?" Si conoces algún vecino es recomendable también contactar de vez en cuando para ver que está todo en orden.

REPARACIONES

Las reparaciones de los elementos del inmueble existentes así como las instalaciones son responsabilidad del arrendador. Eso sí, los desperfectos que cause el inquilino así como las pequeñas reparaciones fruto del normal desgaste de la vivienda por su uso serán responsabilidad de este. Muchas veces el criterio que prima a la hora de decidir si se trata de una pequeña reparación (y por tanto responsabilidad del inquilino es el coste de la misma).

Estos aspectos están regulados por el artículo 21 de la LAU. Un aspecto que detalla la LAU es que si una obra de reparación dura más de 20 días se deberá descontar la parte de proporcional de la vivienda que ha quedado fuera de uso. También indica la ley que el inquilino está obligado a soportar las molestias de esta reparación, así que nada de solicitar un par de noches de hotel a cambio.

Es obligación del arrendatario informar al arrendador en la mayor brevedad posible de los desperfectos hallados.

Bueno, una vez ya sabemos los aspectos teórico-legales vamos con las recomendaciones prácticas.

Para empezar hay que ser conscientes de que todo elemento que como rentistas introducimos al inmueble y consta en el inventario es de nuestra responsabilidad, por tanto es mejor tener el menor número posible de cosas en el inmueble, y solo en el caso de que se precisen entonces sí incorporarlas. Por ejemplo, si el inquilino pone una televisión o microondas y se estropea es asunto suyo, pero si es el arrendador el que lo pone al principio deberá reponerlo o repararlo de manera continua cada vez que se estropee. Por tanto este es el consejo más importante, reduce al máximo los bienes muebles de la vivienda.

En otro orden de detalles, siempre es mejor tener por separado lavadora y secadora que las dos en una sola máquina (o no tener secadora directamente), ya que en caso que se estropee una de las dos funciones deberás reemplazar la máquina entera, bastante más costosa que por separado.

Vida útil

Hay que ser conscientes de la vida útil de los electrodomésticos como punto de partida. Te dejo esta tabla orientativa para que tengas una referencia.

Elementos	Vida útil esperada	Reparaciones
Frigorífico	10 años	0-1
Lavadora	10 años	1-2
Secadora	10 años	0-1
Microondas	10 años	0-1
TV	10 años	0-1
Aspiradora	10 años	0-1
Campana extractora	5-10 años	0
Aire acondicionado	15 años	0-1
Caldera	10 años	0-3
Calentador	10 años	0-1
Motor persiana	15 años	0-1

Los elementos que tienen rotación sufren un desgaste mayor, por ello la lavadora se estropea más, ya que se juntan tres riesgos:

- Desgaste por rotación
- Desgaste y fugas por agua
- Averías eléctrico-informáticas

Entre caldera y calentador te recomiendo la segunda opción, ya que tiene muchas menos averías y riesgos. Piensa que no comparamos los costes de consumo, pues esto va a recaer en el inquilino (algo en lo que seguramente no repare a priori).

Si piensas instalar persianas motorizadas opta por potencias grandes, muy por encima de las necesarias, la diferencia en precio es mínima y esto alarga mucho su vida útil al minimizar el esfuerzo continuado.

La campana extractora suele averiarse por acumulación de grasa en el motor. Recuerda al inquilino que limpie frecuentemente los filtros (la mayoría se pueden meter al lavavajillas) y aprovecha para hacer lo propio cuando el inmueble esté vacío entre inquilino e inquilino.

El siguiente factor para tener en cuenta es el coste de reparación versus el coste de compra. Teniendo esto en mente, para mí hay elementos que merece la pena reparar si están dentro de la vida útil esperada, algunos de ellos son la caldera, el aire acondicionado y reparaciones de cerrajería. Puedes ver que a mayor coste de compra más compensa la reparación.

Por ejemplo, el coste típico de reparar una caldera puede ir entre los 100€ y los 600€, con una "garantía" esperada de 3 años. En cambio una nueva puede costar entre 1.000€ y 4.000€, por lo que vale la pena arriesgarse en la reparación.

Por el contrario, reparar una lavadora puede costar entre 80€ y 250€ normalmente, y una nueva de marca conocida con un buen descuento te puede salir por 400€, y además se llevan la lavadora vieja.

Relación con el inquilino

Este tipo de análisis es el que debes hacer a la hora de tomar decisiones, y además añadiría otro, que es la partida anual esperada de mantenimiento. En mi caso contemplo que una mensualidad al año irá destinada a reparaciones, así que si se estropea la lavadora me puedo plantear comprar una nueva, el inquilino estará contentísimo y yo quedo como un profesional. No olvides que debes enfocar esto como un negocio y mirar las cifras de rendimiento a largo plazo, por ello no intentes ahorrar un euro hoy ya que no significará demasiado. Este tipo de detalles serán los que mantendrán satisfecho al inquilino y reforzarán vuestra relación contractual.

Personalmente si la relación con el inquilino es buena opto por asumir el coste de la gran mayoría de reparaciones, inclusive las que por ley serían su responsabilidad (las de menor coste por desgaste habitual).

Una vez vistas las situaciones y costes habituales hay que pensar en las molestias que ha sufrido el inquilino. A pesar de que la ley marca el límite de la afectación (literalmente habla de obra) en 20 días hay que pensar en cuanto le ha impactado realmente. Por ejemplo, si se estropea la caldera y durante 5 días han estado 4 personas teniendo problemas para ducharse con agua caliente, teniendo que recurrir a ir a casa de amigos o familiares es lógico que se le compense de alguna manera. En este ejemplo concreto, ese año le perdoné la tasa de recogida de basuras (110€) al inquilino.

Es obligación del arrendador coordinar las reparaciones necesarias en el menor tiempo posible, y ante inactividad de este la ley permite al arrendatario realizar las reparaciones urgentes previo aviso al primero (esto no elimina la responsabilidad del propietario).

Cuanto antes hagas una reparación mejor, ya que la demora sólo te va a acarrear el posible empeoramiento del problema con el tiempo (y por tanto más costes) y hacer enojar al inquilino. Si este último percibe que no está recibiendo el servicio que merece acorde a la renta pagada es probable que empiece a mirar otras alternativas de vivienda.

Elementos de desahogo

Algo también a tener en cuenta a la hora de adquirir un inmueble son los posibles desahogos (es decir, los elementos duplicados). Entre otros un segundo lavabo. En caso de que se estropee una cisterna o una ducha nos permitirá tener más tiempo para repararlo y por tanto rebajar la presión por parte del arrendatario.

Lo mismo puede ocurrir con el agua caliente. Existen calentadores eléctricos que se instalan directamente en el grifo de la ducha (son muy comunes en Reino Unido). En caso de avería de la caldera o calentador principal podríamos tener igualmente agua caliente en esta ducha. Si el inmueble es relativamente nuevo además es probable que disponga de un termo fotovoltaico (dependiendo del consumo teórico, según el CTE) con lo que el agua caliente está garantizada durante unas horas.

Lista de contactos para reparaciones

El fontanero, electricista, cerrajero, instalador de la caldera o de aire acondicionado son todo un clásico. La mayoría de ellos están muy especializados por lo que tendrás que ir al experto del sector y de poco te servirá conocerlo o no. Pero tener a alguien que sepa hacer cosas básicas, especialmente de fontanería y electricidad es muy recomendable.

El seguro del hogar muchas veces dispone de un listado de profesionales con los que puedes contar. El coste es mayor al de mercado, inclusive descontando la parte que cubre el seguro, pero ganarás tiempo, por lo que es una alternativa muy interesante.

Recuerda también que hay una serie de reparaciones que están cubiertas por el propio seguro, así que eso es lo primero que debes comprobar.

Cómo reclamar el impago del alquiler

En el caso de impago de alquiler hay que activar rápidamente el mecanismo de reclamación para mantener todos los derechos como propietario y agilizar el proceso lo máximo posible. Se considera impago a partir de un día posterior a la fecha límite del pago de una mensualidad.

Para que puedas esquematizar este denso capítulo he creído conveniente sintetizarlo con el siguiente esquema (el cual probablemente deberás volver a repasar mientras vayas leyendo):

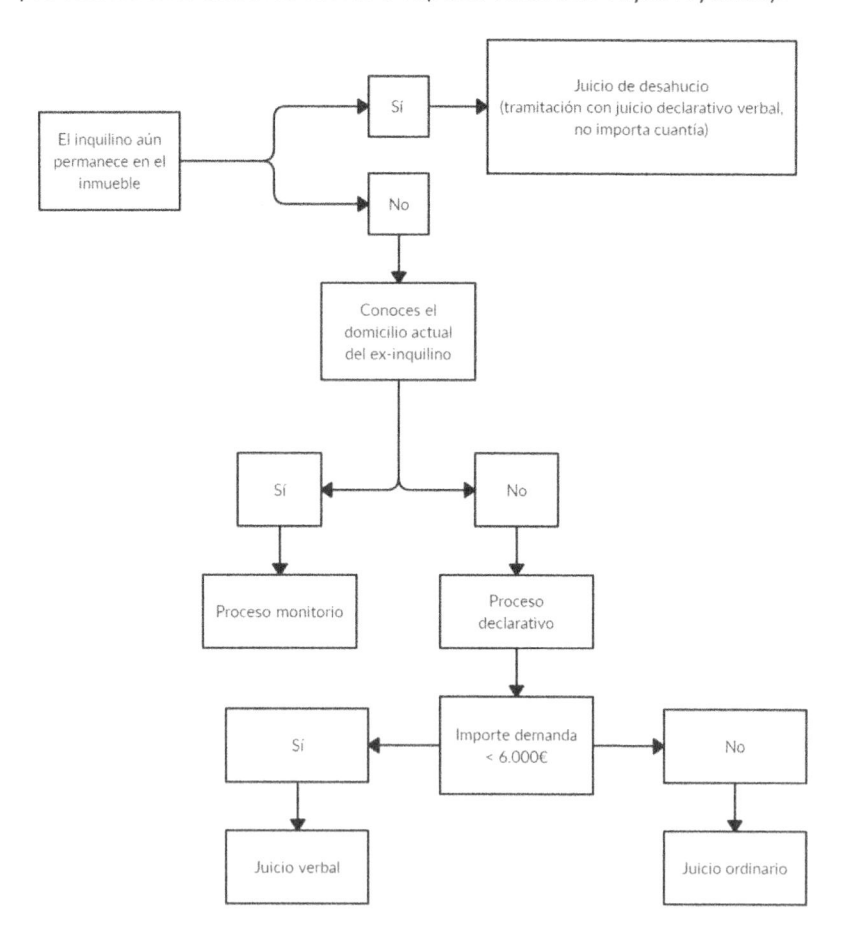

```
El inquilino aún permanece en el inmueble
    ├── Sí → Juicio de desahucio (tramitación con juicio declarativo verbal, no importa cuantía)
    └── No → Conoces el domicilio actual del ex-inquilino
              ├── Sí → Proceso monitorio
              └── No → Proceso declarativo
                        └── Importe demanda < 6.000€
                              ├── Sí → Juicio verbal
                              └── No → Juicio ordinario
```

Una vez tenemos el primer impago sería recomendable un recordatorio por escrito (vía *WhatsApp* o *email*, por ejemplo) un par de días tras el retraso y proceder al envío de un burofax (con acuse de recibo y certificación de contenido o de texto) en torno a los 10 días después del impago. El burofax lo puedes mandar *online* o acudir presencialmente a una oficina de Correos.

30 días después de la recepción de este burofax por parte del inquilino (o de la caducidad del mismo en Correos) es el momento de emprender la vía jurídica, de la mano de un abogado, quien también nos puede ayudar previamente con el burofax, si así lo estimamos.

Gastos asociados en el proceso jurídico

De manera resumida los gastos asociados son los siguientes

- Burofax (para evitar enervación): en torno a los 30€.
- Poder de representación en pleitos (a favor del abogado): entre 50 y 100€*.
- Abogado: entre 1.000€ y 2.500€ es una horquilla habitual.
- Procurador: entre 250€ y 350€ es lo normal.
- Cerrajero (para el lanzamiento): 100-500€.

*Como alternativa se pueden solicitar poderes gratuitos, lo que se conoce como apoderamiento *Apud acta*, realizando este trámite frente al Letrado de la Administración de Justicia o en la Sede Judicial Electrónica.

Hay quien le suma el gasto de la empresa de mudanzas para deshacerse de los bienes muebles del inquilino en un punto limpio. De cualquier forma, en caso de desahucio se entenderán los bienes muebles del inquilino como abandonados si no los retira previo al lanzamiento.

La enervación del desahucio

La enervación de la acción del desahucio está definida en el art. 22.4 de la Ley de Enjuiciamiento Civil. Esta es la posibilidad del inquilino de saldar todo el pago adeudado y por tanto evitar la resolución contractual y el juicio correspondiente.

Para evitar la enervación el deber del propietario es solicitar el pago de la cantidad debida al arrendatario con un plazo no menor a 30 días. De aquí la importancia del burofax.

Inclusive si el inquilino se pusiera al día de las deudas, esto no exime que el propietario pueda seguir la acción judicial con el objetivo de rescindir el contrato. Digamos que el propietario es entonces quien decide si seguir adelante con la acción judicial o no, independientemente de si la deuda sigue viva o por el contrario se ha saldado.

Por otro lado el plazo para la enervación del desahucio será dentro de los 10 días siguientes al requerimiento judicial.

1a demanda: juicio de desahucio

Dónde denunciar el impago del alquiler

Tras la interposición de la demanda de desahucio por falta de pago de la renta en el juzgado de 1ª Instancia, del partido judicial que corresponda conforme a la ubicación del inmueble, un representante del Juzgado acudirá al inmueble y se la notificará al inquilino. Si el inquilino no está presente se deja la notificación de la demanda y en última instancia se publicará por edicto.

En la demanda el propietario puede solicitar:

- La recuperación del inmueble
- El importe de las rentas adeudadas (además del punto anterior)

En el caso en que el inquilino aún no haya abandonado la vivienda, el procedimiento descrito anteriormente es el más aconsejable; si por el contrario optas por un juicio rápido estarás cometiendo un error, porque perderás más tiempo al tener que reanudar el caso interponiendo una demanda por desahucio a posteriori.

Cuantía de la demanda

En esta demanda la cuantía será una anualidad del alquiler (aunque no quiere decir que se vaya a recuperar este importe máximo).

Si el inquilino no formula oposición se dará por terminado el proceso en 10 días hábiles y se procederá a programar el lanzamiento (esto es la fecha de desahucio propiamente, que normalmente ya aparece en la cédula de emplazamiento, artículo 440.3 de la LEC). Cabe destacar que la única oposición que el inquilino puede formular es justificar el pago de las rentas, a excepción de situaciones de vulnerabilidad.

En el caso que sí se ejerza la oposición se celebrará la vista judicial, y con la resolución de esta, siempre que haya sido favorable al propietario, se ejecutará el lanzamiento.

En el lanzamiento suelen estar presentes:

- Secretario judicial
- Propietario
- Procurador
- Cerrajero (a disponer por tu parte)
- Policía (no en todos los casos)

Plazos habituales

Plazos en torno a 6 y 12 meses hasta el lanzamiento son los más habituales en estos casos, pudiendo mejorar o empeorar los mismos dependiendo del juzgado y del caso concreto.

Demanda de ejecución de sentencia (ejecución de título judicial)

Tras el lanzamiento hay que iniciar la demanda de ejecución de sentencia para reclamar la cuantía final debida.

En esta demanda reclamaremos las alquileres debidos, los costes judiciales así como otros gastos e intereses. También se pueden hacer constar desperfectos recogidos por el secretario judicial durante el lanzamiento.

Se solicitará una averiguación patrimonial del demandado. Puede darse el caso de que se le embargue parcialmente y vayamos recuperando los importes de manera paulatina. Si dejamos de cobrar se puede solicitar de nuevo una averiguación patrimonial.

Recuerda que los seguros de impago de alquiler cubren los costes de estos procesos judiciales. Si tienes uno de estos seguros notifícales ante el primer impago para que te indiquen ellos cómo proceder. Esta notificación debe producirse antes de 7 días tras la fecha límite de pago establecida en el contrato de alquiler (art. 16 de la Ley 50/1980, de 8 de octubre, del Contrato de Seguro).

Para facilitar la comprensión de todo esto te dejo un árbol de decisiones que sintetiza todo lo anteriormente expuesto.

CÓMO RECLAMAR EL IMPAGO DEL ALQUILER

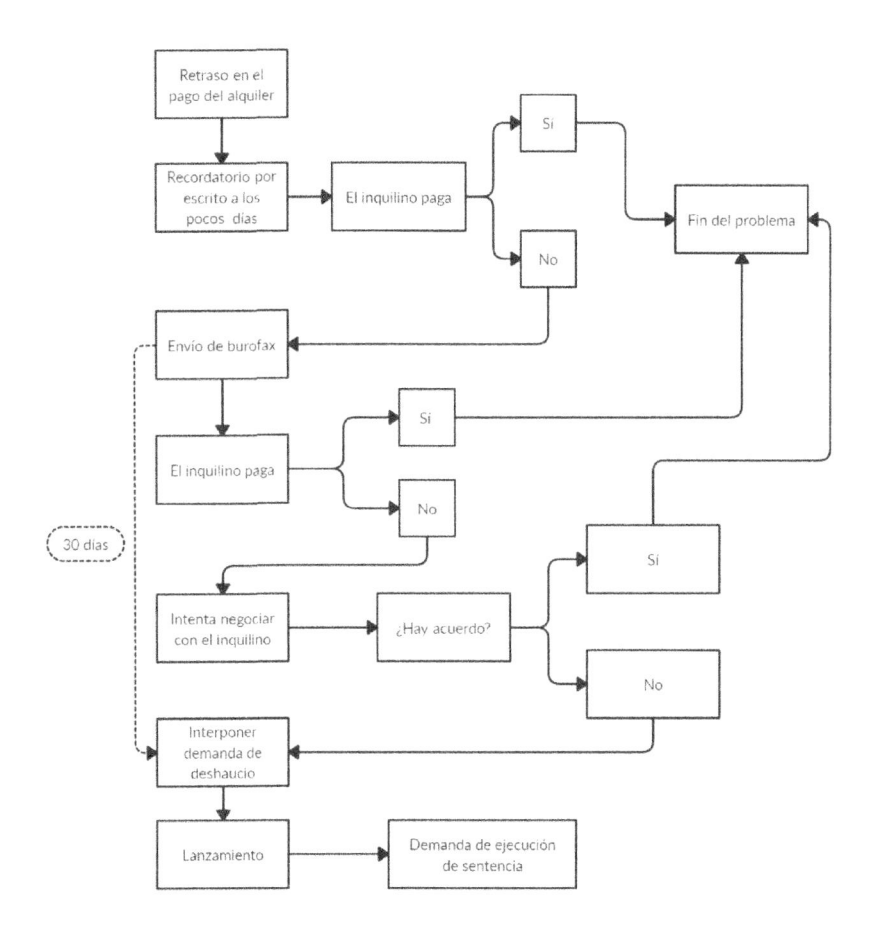

Demandar al inquilino los impagos si este ha abandonado el inmueble

En el caso en que el inquilino ya haya abandonado el inmueble no procede la demanda por desahucio y por tanto podemos replantearnos la estrategia. Podemos distinguir entre dos situaciones, en la primera conocemos el nuevo domicilio del moroso y en la segunda no.

Conoces el nuevo domicilio del inquilino moroso: el proceso monitorio

En este caso lo mejor es iniciar un proceso monitorio, no necesitas abogado ni procurador para ello. Este proceso se puede entender como una reclamación previa.

La excepción a este caso es si no dispones de un contrato de arrendamiento por escrito, en tal caso debes optar por una demanda de proceso declarativo, que sería por el juicio verbal para cantidades inferiores a 6.000€ o por un juicio ordinario para cantidades mayores.

El proceso monitorio es el proceso más rápido para nuestro fin perseguido, es decir recuperar lo adeudado, por ello debería ser nuestra primera opción. Una vez se inicie la fase de la demanda nos ocasionará gastos de representación y asistencia judicial. En el caso de notificarle al deudor nuestra demanda y no oponerse en el plazo de 20 días hábiles o bien paga o bien adquiriremos un título ejecutivo con el que resultará embargado.

El proceso monitorio

Para empezar entrega la petición inicial del proceso monitorio en el juzgado de primera instancia del domicilio del inquilino. Incluye copia del contrato, facturas de los servicios de suministros (si procede reclamarlas) y los recibos de las rentas de alquiler pendientes de liquidación.

Si no se consigue la notificación al inquilino por parte del juzgado el proceso se archiva, y por tanto has de pasar al proceso declarativo (verbal u ordinario según el importe a reclamar).

En el caso de que sí que se consiga notificar la demanda al inquilino moroso este dispone de 20 días hábiles para ejercer una de estas tres posibilidades:

- Paga (liquida la deuda)
- No hace nada
- Se opone a la demanda

Si el inquilino paga se termina el proceso.

En el caso de que no haga nada el juzgado emitirá un decreto ejecutable, cuya ejecución deberás solicitar para que se proceda al embargo. Tras ello deberás interponer una demanda ejecutiva, en este caso sí que necesitas abogado y procurador.

Si el inquilino se opusiera a la demanda se da por terminado el proceso monitorio y se inicia el proceso declarativo. En el caso del juicio verbal se inicia de manera automática y en el caso del juicio ordinario se presenta a instancias de parte (es decir tú) con el riesgo de que si no lo haces en el plazo de 30 días te pueden imponer los costes del proceso monitorio anterior.

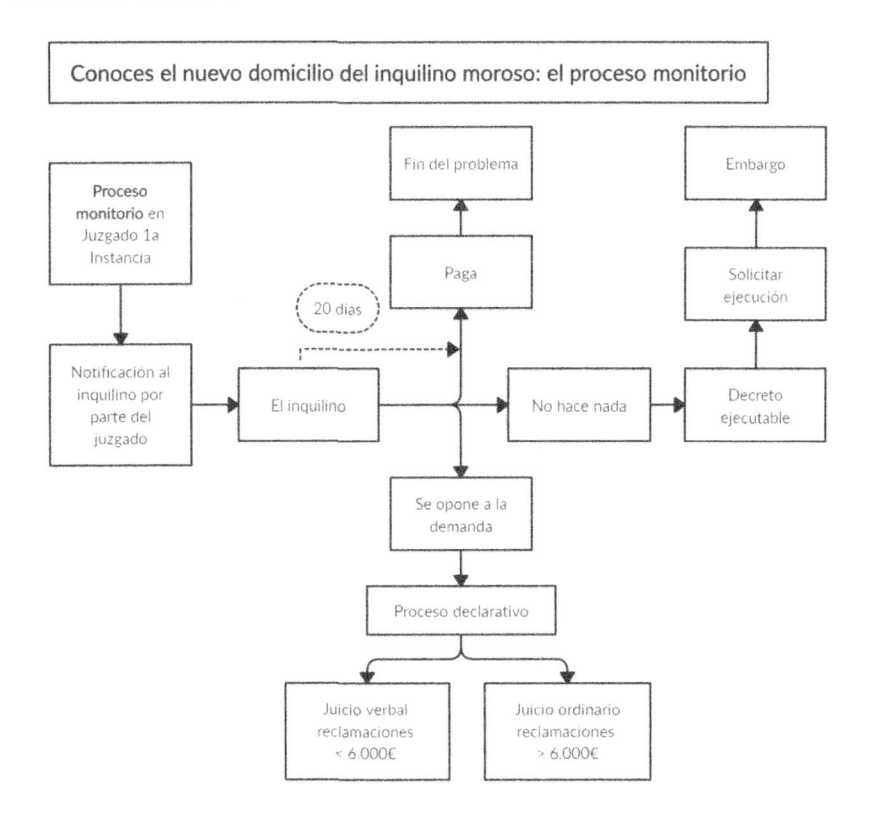

Conoces el nuevo domicilio del inquilino moroso: el proceso monitorio

- Proceso monitorio en Juzgado 1a Instancia
- Notificación al inquilino por parte del juzgado
- El inquilino
  - Paga (20 días) → Fin del problema
  - No hace nada → Decreto ejecutable → Solicitar ejecución → Embargo
  - Se opone a la demanda → Proceso declarativo
    - Juicio verbal reclamaciones < 6.000€
    - Juicio ordinario reclamaciones > 6.000€

Desconoces el nuevo domicilio del inquilino moroso

Iniciamos el proceso declarativo, que será un juicio verbal para cantidades por debajo de 6.000€, o un juicio ordinario para cantidades superiores.

También debes acudir al proceso declarativo si no dispones de contrato por escrito (el contrato fue verbal), aunque personalmente creo que es un error por tu parte como propietario el no disponer del contrato por escrito.

En caso de que la deuda sea inferior a 2.000€ puedes optar por el juicio verbal y no necesitas abogado ni procurador, aunque se recomienda. Esto implica que si perdieses el juicio no tendrás que pagar las costas de la parte contraria. Si la cantidad adeudada es superior a los 2.000€ sí que necesitarás abogado y procurador de manera obligada.

El juicio verbal

Rellena la demanda por juicio verbal, y preséntala en el juzgado de primera instancia donde reside el demandado, que como a priori desconoces cual será, debe ser donde está sita la vivienda arrendada.

El juzgado intentará notificar al inquilino en el inmueble que fue arrendado, pero allí no lo encontrarán (era la premisa que habíamos dicho anteriormente), optarán por una averiguación domiciliaria (usando la policía, consultado a la Seguridad Social, la DGT, etc.). En el caso de que la averiguación domiciliaria no prospere se optará por la notificación de la demanda por edictos, es decir publicándolo en el tablón del juzgado.

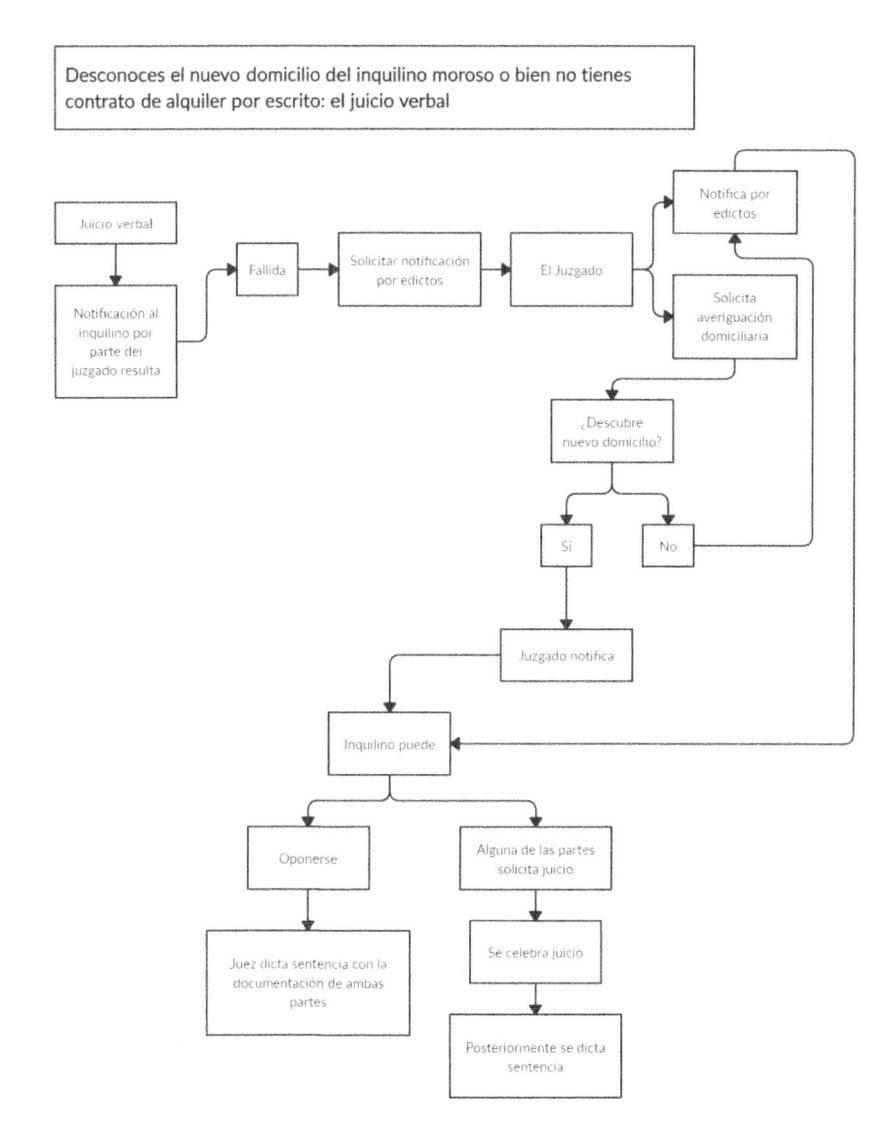

Desconoces el nuevo domicilio del inquilino moroso o bien no tienes contrato de alquiler por escrito: el juicio verbal

```
Juicio verbal
    ↓
Notificación al inquilino por parte del juzgado resulta
    → Fallida → Solicitar notificación por edictos → El Juzgado
        → Notifica por edictos
        → Solicita averiguación domiciliaria
            → ¿Descubre nuevo domicilio?
                → Sí → Juzgado notifica
                → No → Notifica por edictos
    → Juzgado notifica → Inquilino puede
        → Oponerse → Juez dicta sentencia con la documentación de ambas partes
        → Alguna de las partes solicita juicio → Se celebra juicio → Posteriormente se dicta sentencia
```

Efecto de la cosa juzgada

Tanto en el proceso monitorio como en el juicio verbal la decisión o sentencia es firme, y por tanto no la podrás recurrir. Por ello sé lo más preciso posible para que falle en tu favor, ya que no tendrás más oportunidades.

FISCALIDAD Y FACTURACIÓN

Fiscalidad en España de alquileres de bienes inmuebles

Las rentas que se obtengan del alquiler de un inmueble deben incluirse en la declaración del IRPF (declaración de la renta), bien por rendimientos del capital inmobiliario o por el contrario como rendimientos de actividad económica, según el caso, como veremos seguidamente.

En el caso de que existan varios propietarios cada uno tributará por el porcentaje de propiedad correspondiente.

Como ya se ha mencionado, sobre una propiedad existen dos derechos, el de nuda propiedad y el de usufructo. El primero corresponde al titular o propietario del bien y al segundo le corresponde la posesión del bien. Este caso se puede dar cuando por ejemplo se hereda una propiedad pero el derecho a vivir en ella lo ostenta otra persona, por ejemplo la viuda o viudo del fallecido. Un ejemplo similar sería una donación en vida, imagina que tu padre te dona su inmueble pero quiere mantener el derecho a vivir en este (usufructo).

Pues bien, si es el usufructuario quien se beneficia del rendimiento del alquiler será este el obligado a declarar los ingresos quedando exento el nudo propietario.

FISCALIDAD Y FACTURACIÓN
FISCALIDAD EN ESPAÑA DE ALQUILERES DE BIENES INMUEBLES

Arrendamiento tradicional de inmueble a un particular

Hablamos del alquiler a largo plazo (varios años de duración) regido por la Ley de Arrendamientos Urbanos. Estos rendimientos tributan en el IRPF como rendimientos de capital inmobiliario.

Si junto a la vivienda se alquila una plaza de garaje, trastero o cualquier otra estancia aneja incluida en el contrato de alquiler se incluirá en la misma declaración. Se debe indicar el uso como *Arrendamiento como inmueble accesorio* y no se indicarán importes pues ya los incluimos en la vivienda principal.

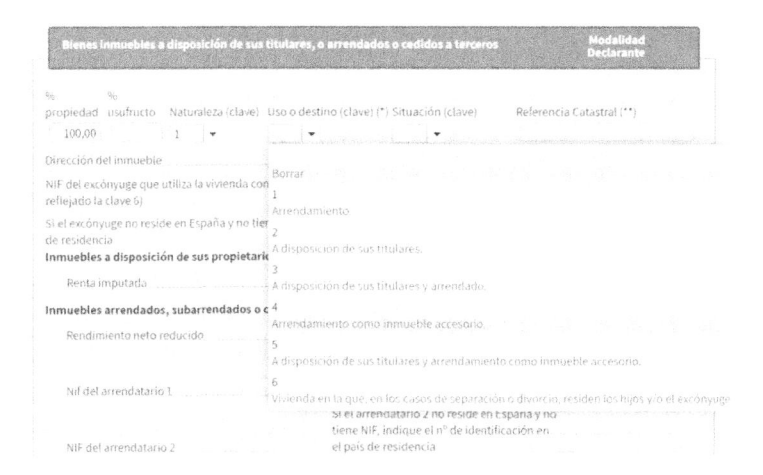

Ingresos

Tendremos en cuenta los ingresos por el alquiler, pero también podríamos tener otro tipos de ingresos, como publicidad por carteles en la azotea gestionados por la comunidad de propietarios, alquiler de locales propiedad de la comunidad o el alquiler del apartamento del antiguo portero.

Gastos deducibles sujetos a limitación

Se trata de los gastos necesarios para la obtención de los ingresos por alquiler.

Se caracterizan porque no se pueden deducir las cantidades que superen los ingresos por alquiler.

Los gastos no deducidos en la declaración en curso se podrán deducir durante los 4 siguientes años sin que excedan junto con los gastos del año declarado los gastos por alquiler.

Sin ser un listado exhaustivo podemos resumirlos en:

Gastos de conservación y reparación

Son aquellos gastos de mantenimiento incurridos para mantener el normal uso de la vivienda. Incorporaríamos aquí la reparación o sustitución de cualquier elemento (lavadora, puerta, aire acondicionado, caldera, persiana...) así como los gastos de mantenimiento (por ejemplo un repintado).

En este capítulo no se pueden incorporar los gastos para reforma o mejora del inmueble, este tipo de gasto se deducirá a través de las amortizaciones que veremos a continuación.

Intereses y otros gastos de financiación

Serán deducibles los intereses de la hipoteca así como los de otros préstamos relacionados con el inmueble, como por ejemplo la financiación de electrodomésticos. También podremos incorporar otro tipo de comisiones relacionadas con la financiación, como la comisión de apertura por ejemplo.

Gastos deducibles sin limitación

Se trata de gastos que pueden superar el importe de los ingresos por alquiler, declarando así un rendimiento negativo.

Tasas y tributos

Incluiríamos el IBI y cualquier otra tasa relacionada. La Ley de Arrendamientos Urbanos dice que la tasa de recogida de basuras va a cargo del inquilino, pero en el caso de que fuera el propietario quien se hace cargo también se podría deducir.

Comunidad de Vecinos

Los recibos de la comunidad de vecinos y las derramas son deducibles.

Servicios de terceros

Podemos incorporar en este capítulo gastos como jardinería, vigilancia, administración y otros.

Seguros

Los seguros típicos son el seguro del hogar (incendio, robo, RC...) y el seguro de impagos (que normalmente cubre también la defensa jurídica).

Gastos por servicios jurídicos

Se pueden incorporar tanto los gastos por la formalización del contrato de alquiler (API, abogado...) como los gastos de defensa jurídica y los costes procesales.

Servicios y suministros a cargo del propietario

En el caso que el propietario pague los servicios de agua, gas, electricidad o internet.

Saldos de dudoso cobro

En caso de impago se puede deducir el saldo pendiente si el moroso se halla en situación de concurso o bien si han transcurrido más de 6 meses.

Amortización de bienes muebles

Para el caso en el que alquilemos la vivienda con muebles o simplemente para deducirnos los electrodomésticos siempre y cuando sean susceptibles de uso por más de un año.

Se podrá deducir un 10% anual sobre el importe de adquisición durante un máximo de 10 años.

Amortización del inmueble

Este es el gran desconocido de los gastos deducibles, y quizás sea el más importante por importe. Será el 3% del mayor de estos valores de la construcción (no del suelo):

- Valor catastral

- Coste de adquisición (incluyendo gastos y tributos)

Normalmente el coste de adquisición es mayor al valor catastral.

Para calcular el porcentaje de valor de construcción y valor del suelo lo más sencillo es usar como referencia el recibo del IBI. Calculamos los porcentajes resultantes y lo aplicamos:

Valor catastral = valor del suelo + valor de construcción

Por lo que calcularemos el valor de construcción como:

Valor de construcción = Valor catastral – valor del suelo

Y por tanto posteriormente deduciremos el % con esta división:

% Valor de construcción = (Valor de construcción / Valor catastral) x100

En la última versión del borrador Renta WEB, este porcentaje ya lo calcula directamente el programa.

Puedes consultar los gastos deducibles y las reducciones en la Agencia Tributaria (te dejo el enlace en la web de recursos).

¿Y si el inmueble ha estado durante algún periodo sin arrendar?

En este caso tendremos que calcular los días en los que el inmueble ha estado arrendado y aplicar el prorrateo de los gastos deducibles anteriormente mencionados.

Quisiera añadir un dato que puede ser práctico para algún lector. En la declaración de la renta Hacienda nos grava la revalorización del inmueble siempre y cuando no esté sujeto a actividad económica. En el caso de que seas no residente y por tanto te corresponda liquidar el modelo 210 y si has tenido el inmueble vacío por algún tiempo debes liquidar al tipo del 19% para UE, Islandia y Noruega o al 24% para el resto:

- El 2% del valor catastral, o bien,
- El 1,1% si este ha sido revisado en los diez años anteriores.

Por último, recordar que acorde a la Ley 11/2021, de 9 de julio, de medidas de prevención contra el fraude fiscal si cometemos un error en la autoliquidación del IRPF en cuanto a ingresos o gastos perderemos la reducción del 60%. Así que hay que afinar muy bien a partir de ahora con las cifras (ver artículo tercero apartado dos de la mencionada Ley).

Alquiler de habitaciones entre particulares

A tenor del artículo 20 de la Ley 37/1992, de 28 de diciembre, del Impuesto sobre el Valor Añadido, esta actividad está exenta de IVA, a no ser que se presten servicios de la industria hotelera.

Se tendrá derecho a la reducción del 60% de los beneficios si se formula adecuadamente el contrato para que este sea de larga duración y por tanto destinado a vivienda habitual. Para ello se recomienda un contrato por al menos 3 años que se explicite como uso de vivienda habitual.

No aplica la Ley de Arrendamientos Urbanos, sino que está regulado por el Código Civil, por ello la duración del contrato será la estipulada entre las partes libremente.

El resto de la fiscalidad es la misma que en el caso del arrendamiento de vivienda antes expuesto (rendimientos íntegros de capital inmobiliario).

Alquiler de locales comerciales, oficinas o viviendas a empresas

En el caso de que alquiles un bien inmueble a una empresa deberás emitir factura con IVA y hacer las declaraciones trimestrales de este.

Además, si esto lo haces como particular deberás incluir en la factura el IRPF que te retendrá la empresa arrendataria, y esta será quien ingresará este importe retenido a la Agencia Tributaria.

Alquiler de plazas de garaje o trasteros

Personalmente es un tipo de inversión que no me gusta por dos motivos principales, el primero es la fiscalidad y el segundo es la relación tiempo/beneficio. Se trata de bienes que dan pocos ingresos en valor absoluto y que roban tiempo, por lo que prefiero dedicar mis esfuerzos a operaciones que muevan mayor capital.

En la fiscalidad la cosa se complica sobremanera, pues estos arrendamientos están sujetos a retención de IVA, por tanto el arrendador deberá presentar la liquidación trimestral. Como puedes ver, es una auténtica pérdida de tiempo por el retorno que aplica (en valor absoluto), y además estás sujeto al riesgo de inspecciones por el IVA.

Qué pasa si resido fuera de España

En el caso de que residas fuera de España eres considerado como *No Residente* ante el fisco. Para ello debes estar un mínimo de 183 días en tu país de residencia. Este apartado será de utilidad para aquellos no residentes que dispongan de inmuebles en territorio español (los tengan o no arrendados).

Poder notarial como herramienta útil

En el momento de adquirir un inmueble te debes desplazar a España o bien otorgar poderes a un tercero ante notario. Este poder tiene un coste de unos 90€ y puedes limitarlo para ciertos actos en concreto o incluso darle fecha de caducidad.

Los poderes los puede solicitar cualquier persona, lo que pasa es que son más habituales cuando viajas por el mundo, por motivos obvios. Pero si por ejemplo quieres hacer negocios lejos de tu residencia puedes otorgarle poderes a un tercero (podría ser una agencia o un familiar que resida en la zona).

También es muy útil si estás muy atareado y quieres delegar las visitas al notario a un familiar de confianza en tu nombre (por ejemplo tu madre).

Modelo 210: Impuesto de la Renta de No Residentes

En el caso de que seas No Residente la diferencia esencial es que no presentarás la declaración de la renta (IRPF) como el resto de ciudadanos españoles, eso lo harás en tu país de residencia.

Deberás comprobar el convenio entre España y tu país de residencia (convenios para evitar la doble imposición). Normalmente estos definen que se liquidan los impuestos de los bienes raíces en el país donde se ubican (aunque insisto, tienes que revisar el convenio que te sea de aplicación).

Lo que te aplica seguro es el modelo 210, en el que se declaran todas las actividades económicas realizadas en España por un No Residente. Este impuesto es un poco lioso si se desconoce. Para empezar no se pueden agrupar distintas operaciones* y liquidarlas en un solo modelo como pasa en la declaración de la renta. Si has vendido dos paquetes de acciones tienes que presentar dos veces el modelo, y si tienes alquilados 3 pisos tienes que presentar los correspondientes modelos.

*Las que sí que se pueden agrupar son distintas rentas de un mismo inmueble. Este sería el caso en el que hayas tenido 2 o más inquilinos durante un mismo año.

Es muy recomendable que dispongas de certificado digital para la presentación de la liquidación de este impuesto de manera telemática sin problemas. También puedes tramitarlo mediante gestoría o bien presentar la liquidación en una sucursal bancaria asociada (consulta en la Agencia Tributaria cuales son, en resumen la mayoría de grandes bancos españoles) ubicada en España, en este caso alguien debería presentarse en el banco en tu lugar.

Rentas derivadas de transmisiones de bienes inmuebles

En el caso de que vendas el inmueble, el plazo de presentación es de tres meses una vez transcurrido el plazo de un mes desde la fecha de la transmisión (es decir, 4 meses).

La ganancia patrimonial está gravada con un 19% para residentes de la UE, Noruega e Islandia y con 24% para el resto del mundo. A este tipo se le debe descontar el 3% que debiera ser retenido por el comprador a través del modelo 211.

A la ganancia patrimonial se le pueden descontar los costes de compra, incluidos los impuestos.

El tipo de renta del modelo 210 será el 18, 33 o 34, dependiendo de si el vendedor es ciudadano de la UE/EEE y de si reinvierte o no la ganancia patrimonial para la adquisición de vivienda habitual.

```
Renta obtenida

[02] Tipo renta *

17 RENTAS DEL TRABAJO
18 PENSIONES Y HABERES PASIVOS
19 REASEGUROS
20 ENTIDADES DE NAVEGACIÓN MARÍTIMA O AÉREA
21 SERVICIOS DE APOYO A LA GESTIÓN
22 OTRAS RENTAS
 - GANANCIAS PATRIMONIALES
24 De acciones admitidas a negociación
25 De Instituciones de Inversión Colectiva (Fondos)
28 De transmisiones de bienes inmuebles, excepto tipos de renta 33 y 34
33 G TRANS INMUEBLE (CONTRIBUYENTE UE/EEE VIVIENDA HABITUAL) EXENCION POR REINVERSIÓN PRODUCIDA ANTES DE LA TRANSMISIÓN
34 G TRANS INMUEBLE (CONTRIBUYENTE UE/EEE VIVIENDA HABITUAL) EXENCIÓN POR REINVERSIÓN PRODUCIDA DESPUÉS DE LA TRANSMISIÓN
```

Aparte también debes liquidar el impuesto de la plusvalía municipal en el Ayuntamiento correspondiente en un plazo de 30 días desde la venta.

Rentas imputadas de los inmuebles situados en territorio español

Puedes tramitar el devengo de estas rentas hasta el 23 de diciembre del año posterior para presentaciones del formulario 210 por vía telemática.

Se entienden por rentas tanto el ingreso de los alquileres como simplemente tener el inmueble, por el que se considera que estás obteniendo una plusvalía por su revalorización. El tipo de renta en este último caso dentro del modelo 210 es:

02 RENTAS IMPUTADAS DE INMUEBLES URBANOS

En el caso de que tengas el inmueble alquilado y residas en la Unión Europea solo deberás pagar impuestos por las rentas del alquiler, estando exento de pagar las plusvalías mencionadas. El tipo de renta en este caso dentro del modelo 210 es:

01 RENDIMIENTOS DE INMUEBLES ARRENDADOS O SUBARRENDADOS

Si has tenido parte del año el inmueble alquilado y la otra parte ha estado vacío, deberás entonces liquidar las rentas del alquiler y en otro modelo la plusvalía por la parte proporcional del año en que la vivienda no ha estado alquilada.

Ambos impuestos tributan al 19% para residentes de la UE, Islandia y Noruega y al 24% para el resto de casos.

En la plusvalía la base imponible se calcula como el 1.1% (si el valor catastral ha sido revisado los últimos 10 años) o el 2% del valor catastral del inmueble.

En el capítulo sobre ejemplos de la declaración de la renta verás casos prácticos que te ayudarán a entender más fácilmente estos conceptos fiscales.

Los residentes en la UE tienen derecho a deducir los costes de reparación y reposición de los inmuebles en alquiler de la misma manera que si fueran residentes en España.

Facturación de un inmueble alquilado a una empresa

Para adentrarnos en detalle en este subcapítulo necesitamos entender que la solución final depende del tipo de inmueble y del uso que se hace del mismo, ya que las viviendas no tienen los mismos requisitos que el resto de bienes.

Inmueble alquilado como vivienda a un empleado

Hasta hace pocos años este tipo de alquiler estaba sujeto a la retención de IVA, lo que nos obligaba a darnos de alta en Hacienda para poder facturarlo.

Suerte que el Tribunal Económico-Administrativo Central (TEAC), organismo dependiente de Hacienda, emitió una resolución indicando que en el caso en que una empresa alquile un inmueble para el uso de alguno de sus empleados como vivienda se le aplica la exención de IVA.

En esta ocasión el TEAC entiende que se analiza la exención con carácter finalista, lo que quiere decir que la exención se basa en el uso como vivienda del bien, independientemente de la forma jurídica que firma el alquiler. Para que ello tenga validez ha de constar el nombre del usuario (empleado) en el contrato de alquiler y se ha de impedir el subarriendo, así como la cesión a terceros. Dado el caso en que la vivienda pudiera llegar a ser usada por diferentes empleados de la empresa no aplicaría la mencionada exención.

Destacar que en este caso sí que aplica el Impuesto de Transmisiones Patrimoniales (sin exención) al formalizar el contrato de alquiler.

Alquiler de una oficina, local u otros casos que no sean vivienda

Los ingresos que obtenga el propietario se declararan en el IRPF como rendimientos del capital inmobiliario. Contando con la obligación de darse de alta en Hacienda mediante el modelo 037.

Además de darse de alta en Hacienda el propietario debe repercutir el IVA al tipo general (21%) y hacer las declaraciones trimestrales, con derecho a la deducción del IVA por las inversiones y gastos del inmueble.

Está obligado a presentar las declaraciones trimestrales de IVA así como la declaración anual (modelo 390), salvo algunas excepciones.

En tu factura deberás retener un porcentaje de tu IRPF que la empresa se encargará de ingresar en Hacienda (19% en el momento de escribir estas líneas).

Declaración de la renta – Ejemplo práctico

Inmueble arrendado como vivienda habitual

En nuestro ejemplo tenemos un propietario de una segunda vivienda. La tiene alquilada como vivienda habitual con muebles y los resultados obtenidos han sido:

a. Ingresos por alquiler: 450€ x 12 meses

b. Gastos de comunidad: 600€

c. Seguro vivienda: 285€

d. Reparación de la caldera: 415€

e. IBI: 256€

f. Valor catastral: 45.524€

g. Valor catastral de la construcción: 38.675€

h. Importe de compra: 92.500€

i. Gastos compra (impuestos, gestoría, API): 11.000€

j. Gastos iniciales muebles: 7.800€

Casillas 61 a 154 en la versión de la renta 2020

Al ser inmueble arrendado para vivienda habitual hay derecho a la deducción por el 60% de los rendimientos. A pesar de ello, veremos que usando bien las deducciones realmente se pagará muy poco en concepto de impuesto.

Hacienda nos solicita el NIF del arrendatario, dato a tener en cuenta.

Como novedad hay que considerar que nos pide el desglose tanto de los gastos como de las amortizaciones, cosa que anteriormente no ocurría. Esto es relevante, porque si deducimos la amortización del 3% del valor de construcción, teóricamente es un importe que tenemos que restar al

FISCALIDAD Y FACTURACIÓN
DECLARACIÓN DE LA RENTA - EJEMPLO PRÁCTICO

calcular la plusvalía de la futura venta; es decir, como ya nos hemos deducido el teórico "deterioro" del inmueble, este debe restarse del importe de compra inicial a efectos de cálculo. En conclusión lo que te ahorres por amortización lo pagarás de más en plusvalía, a partir de aquí cada uno debe hacer sus cálculos, pero ten en cuenta que en el alquiler de vivienda habitual tienes una deducción del 60% del beneficio, por lo que quizás estratégicamente es más útil reservarnos el "deterioro" para pagar menos plusvalía en un futuro. Incidiremos un poco más sobre ello a continuación.

Los ingresos han sido 450€x12meses: 5.400€

Las deducciones serían los siguientes gastos necesarios:

- Comunidad de vecinos / gastos de administración.
- IBI.
- Intereses de la hipoteca y comisiones bancarias.
- Seguros vinculados a la hipoteca (hogar, vida, etc.).
- Gastos de mantenimiento y reparación.
- 3% del coste adquisición o valor catastral (el mayor de ambos descontando el valor del suelo).
- 10% del mobiliario alquilado con el inmueble (amortización durante 10 años).
- Recibos impagados.

Hemos pagado 256€ de IBI, esto lo deducimos en el apartado tasas. Las basuras no las hemos incorporado ya que acorde a la LAU las abona el inquilino.

Hemos deducido un 3% la amortización de los bienes inmuebles por el valor de compra más gastos (porque es superior al valor catastral). Esto nos da 3% del valor de construcción más los gastos de adquisición, el programa ya nos calcula esto de manera automática en: 2.639,25€.

Para saber la proporción el valor catastral del inmueble y del valor de construcción lo podemos consultar en el último recibo del IBI. El valor catastral es la suma del valor del suelo más el valor de construcción, por tanto teniendo dos de estos datos ya conocemos la totalidad.

Por cierto, esta deducción de la amortización del 3% anual tiene el límite del valor del activo, por ello podremos amortizar un máximo de 33,33 años. El segundo aspecto a tener en cuenta es que las amortizaciones nos obligaran a restar estas del importe del valor de compra a la hora de la venta del inmueble para el cálculo del incremento patrimonial, y su impuesto correspondiente. Es decir, como ya hemos amortizado parte del valor de construcción del inmueble debemos restar este beneficio en el cálculo de esta ganancia patrimonial en el momento de la venta.

Este es el cuadro actual que aparece en el servicio de Renta WEB de la Agencia Tributaria para indicar las amortizaciones históricamente satisfechas de un inmueble. Esto aparece en el apartado de Ganancias y pérdidas patrimoniales derivadas de la transmisión de otros elementos patrimoniales (como inmuebles), casillas 1631 a 1637 en el momento de escribir estas líneas.

FISCALIDAD Y FACTURACIÓN
DECLARACIÓN DE LA RENTA - EJEMPLO PRÁCTICO

Inmueble arrendado, subarrendado o cedido a terceros	Modalidad Declarante
Si tiene inmuebles accesorios arrendados, por un único precio, junto a este inmueble, indique su número	
Arrendamiento 1 de 1 Alta Arrendamiento	
Tipo de arrendamiento	
Número total de días en los que el inmueble ha estado arrendado en 2020	366
Número de días de duración de este contrato de arrendamiento en 2020	366
Fecha del contrato y NIF de los arrendatarios	
Ingresos íntegros	5.400,00
Gastos de reparación y conservación e intereses y otros gastos de financiación de 2016 a 2019	
Gastos de reparación y conservación e intereses y otros gastos de financiación de 2020	415,00
Gastos de comunidad	600,00
Gastos de formalización del contrato de arrendamiento	
Gastos de defensa jurídica	
Otras cantidades devengadas por terceros por servicios personales	
Servicios y suministros (luz, agua, internet, gas, etc.)	
Primas de contratos de seguro	285,00
Tributos, recargo y tasas	256,00
Saldos de dudoso cobro	
Amortización de los bienes muebles cedidos con el inmueble	780,00
Amortización del inmueble	2.639,25
Amortización de los inmuebles accesorios arrendados junto al inmueble principal	
Otros gastos fiscalmente deducibles	
Rendimiento neto	424,75
Reducción por arrendamiento de inmuebles destinados a vivienda	254,85
Reducción Rdtos. irregulares Art. 23.3 y D.T.25 de la Ley I.R.P.F	
Retenciones	
Arrendamiento a familiares Sí/No NO Rendimiento mínimo computable	

Aceptar   Cancelar

Hemos deducido un 10% del valor del mobiliario, ya que la propiedad se alquila amueblada. Esto nos da un 10% de 7.800€: 780€.

En gastos de conservación las siguientes cantidades suman el importe de 1.300€:

k.   Gastos comunidad: 600€

l.   Seguro vivienda: 285€

m.   Reparación de la caldera: 415€

Debo aclarar que sobre el rendimiento del alquiler sí que aplica el tipo resultante una vez integrado con el resto de rendimientos, por lo que varía en cada caso particular. El rendimiento neto calculado resultante en el ejemplo es de 424,79€, que al aplicar la reducción del 60% nos deja una base imponible final de 169,90€. Como puedes ver se pagan realmente muy pocos impuestos si el alquiler es para vivienda habitual.

Quisiera aclarar una duda habitual sobre la clasificación de un gasto como reforma o bien como reparación. De manera resumida una reparación o reposición es sobre un elemento previamente existente en el inmueble, algunos ejemplos serían:

- Reparación o reposición de la caldera
- Recarga del AC o renovación de los terminales
- Reparación de una ventana
- Renovación de radiadores
- Reparación o renovación de la lavadora
- Repintado de paredes y techos

Estos gastos se deducirían como gastos de conservación en el año en curso. En cambio, obras de reforma o mejoras de la vivienda como la instalación por primera vez de los toldos, o del AC (por 1ª vez), o el cerramiento de la terraza serían gastos deducibles a ser amortizados cada año.

El Impuesto de Transmisiones Patrimoniales

La liquidación del Impuesto de Transmisiones Patrimoniales por parte del arrendatario es uno de los grandes desconocidos en el mercado del alquiler.

El inquilino es el sujeto pasivo de este impuesto, y si bien este es obligatorio, su liquidación no es muy extendida. El plazo de liquidación es de 30 días desde la firma del contrato de alquiler y tiene en general un coste aproximado del 5% de la renta anual.

La nueva LAU introdujo cambios en la liquidación del ITP y definió el alquiler para vivienda habitual cómo una exención al impuesto, pero ello no exime de su declaración mediante el modelo 600, es decir se liquida el impuesto pero no se paga (más allá del coste del trámite si lo haces mediante un tercero). Para el resto de casos de alquiler que no sea el de vivienda habitual recogido en la LAU se debe liquidar este impuesto sin la exención.

El cobro de este impuesto lo gestionan las Agencias tributarias de las Comunidades Autónomas, y algunos organismos encargados de la gestión del depósito de las fianzas se encargan de tramitar este impuesto en nombre de la Hacienda Autonómica.

Lo más práctico es que el mismo propietario liquide el impuesto en nombre del inquilino en el momento de depositar la fianza, yo personalmente lo hago así, porque le facilito la vida al inquilino y a mí me cuesta 10 minutos más de gestión. Sé que se escapa de lo habitual, pero es algo muy sencillo, que al inquilino puede quedarle un poco grande y de esta manera le solucionas un primer problema, que seguramente valorará.

Además, desde el punto de vista del arrendador cabe destacar que este es responsable de exigir la justificación del pago del ITP al inquilino, y por ende la Ley lo considera responsable subsidiario del pago. Por ello es recomendable informar por escrito al inquilino de su obligación de saldar el impuesto. Si liquidas tú mismo el modelo 600 en nombre del inquilino ya tienes este asunto cerrado.

En caso de que el inquilino no liquide tal impuesto se verá expuesto a posibles sanciones y recargos posteriores. Además, en el caso de la Comunidad de Madrid el inquilino no puede deducirse el alquiler si no ha liquidado el mencionado ITP.

Retenciones

Una de las dudas que puede tener un futuro inversor es referente a las retenciones a practicar por parte del arrendatario. Probablemente este no sea tu caso, pero era preciso explicarlo para que quede claro.

Cómo bien podrás deducir, los particulares entre sí no se practican retenciones, o al menos no es el caso más común.

En general están sujetos los arriendos y subarriendos de fincas de naturaleza urbana, ahora bien, depende del uso y la figura jurídica del arrendador y del arrendatario.

La retención la practica el inquilino, si se da uno de estos casos:

- El inquilino es una persona jurídica (empresa, comunidad de propietarios...), o bien
- El inquilino desarrolla actividades económicas en el inmueble arrendado

Rentas excluidas

Dentro de las fincas de naturaleza urbana están excluidas:

- Alquiler de una vivienda gestionado por una empresa para algunos de sus empleados
- Si las rentas no superan los 900 euros anuales
- Las rentas derivadas de contratos de arrendamiento financiero
- Las rentas satisfechas a entidades de utilidad pública (puesto que están exentas del Impuesto sobre Sociedades)
- Alquiler entre particulares siempre y cuando el arrendador no ejerza actividad económica en el inmueble
- Cuando la actividad del arrendador esté clasificada en alguno de los epígrafes del grupo 861 de la Sección Primera de las Tarifas del Impuesto sobre Actividades Económicas (IAE), aprobadas por el Real Decreto Legislativo 1175/1990, de 28 de septiembre, o en algún otro epígrafe que faculte para la actividad de arrendamiento o subarrendamiento de bienes inmuebles urbanos, y aplicando al valor catastral de los inmuebles

destinados al arrendamiento o subarrendamiento las reglas para determinar la cuota establecida en los epígrafes del citado grupo 861, no hubiese resultado cuota cero. En el caso de que la suma del valor catastral de los inmuebles afectos a la actividad de arrendamiento supera los 601.012,10€ no tributamos a cuota cero, por lo que podemos solicitar un certificado de exención.

Retención en el caso que el arrendador sea una persona física

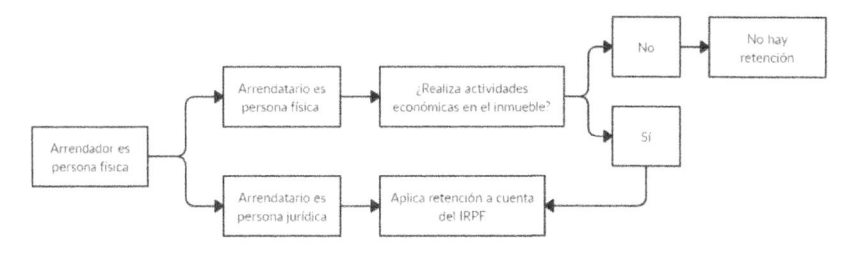

Retención en el caso que el arrendador sea una persona jurídica

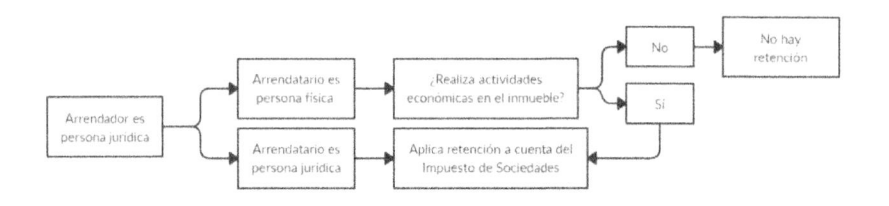

Tipo de retención

La retención será del 19%. En el caso que el arrendador sea persona jurídica hay que incrementar el valor de mercado un 20%. Es decir, el 19% se aplicará sobre la base imponible ampliada en un 20%.

Modelo 115

Es obligación del arrendatario en los casos anteriormente expuestos practicar la retención en el momento de abonar la renta.

Trimestralmente debe ingresar a Hacienda las cantidades retenidas mediante la presentación del modelo 115.

El modelo 115 se debe presentar siempre y cuando se permanezca de alta como retenedor en el modelo 036. Por ello, puede darse el caso que tengas el inmueble vacío, pero tu obligación de presentar el modelo 115 permanece. En este caso si durante todo el trimestre no has tenido ingresos has de marcar la casilla negativa en tipo de declaración.

En lo referente a los plazos de presentación, estos son entre los días 1 y 20 del mes siguiente al día en que finaliza el trimestre correspondiente (1 a 20 de abril, 1 a 20 de julio, 1 a 20 de octubre o bien 1 a 20 de enero según corresponda.

En empresas con una facturación cuyo volumen de negocio supere los 6.010.121,04€ esta presentación será con frecuencia mensual.

Modelo 180

Este modelo se trata de una declaración informativa anual, resumen de las retenciones en ingresos a cuenta.

Se presenta del 1 de enero al 1 de febrero del año siguiente del ejercicio.

ASPECTOS LEGALES

Qué le pasa al inquilino cuando embargan al arrendador

Se puede dar el caso de que la vivienda alquilada sufra de embargo por deudas del propietario, estas pueden ser debidas a demandas de acreedores en general o por ejecución hipotecaria (procedimiento de recuperación de la deuda hipotecaria por parte del banco en caso de impago de esta).

Notificaciones del juzgado

El inquilino suele recibir una notificación por parte del Juzgado, en la que o bien le indican que el inmueble ha sido embargado y debe abonar, a partir de ese momento, la renta a tal cuenta corriente (titularidad del Juzgado normalmente), o simplemente se le notifica que el inmueble ha sido embargado.

En este segundo caso, en que el Juzgado simplemente notifica el embargo al inquilino o hace un requerimiento, el segundo debe presentarse ante este para dar a conocer su contrato de alquiler. A partir de ese punto el Juzgado le indicará como proceder. Hasta que el inquilino no reciba por escrito que debe abonar la renta en otro lugar seguirá haciéndolo de manera habitual al propietario.

Notificaciones del banco

En el caso en que el propietario deje de pagar la hipoteca la entidad bancaria puede proceder a la ejecución hipotecaria. En este caso debería notificar al inquilino quien es el nuevo titular y el nuevo número de cuenta donde realizar los ingresos de la renta del alquiler.

Notificaciones de Hacienda o la Seguridad Social

Estas dos Administraciones también pueden ejecutar el embargo del inmueble en caso de deudas contraídas con estas.

El proceso es el mismo que el anteriormente expuesto, el inquilino será notificado y deberá proceder con el abono de la renta conforme las indicaciones que reciba por parte de la Administración.

Si bien estos son los casos habituales se pueden dar otros, como los embargos por parte del Ayuntamiento (por impago de IBI o recogida de basuras).

¿Puede el inquilino continuar en el inmueble?

El inquilino tiene garantizado el contrato de alquiler durante los primeros 5 años de contrato (artículo 14 de la LAU), o 7 años si el arrendador es persona jurídica. Inclusive en el caso que el contrato de alquiler tuviera una duración inferior, se aplica al artículo 9.1 de la LAU donde establece prórrogas automáticas anuales hasta los 5 o 7 años según el caso.

Esto sólo aplica a partir de la última reforma de la LAU, es decir para los alquileres firmados posteriormente al 5 de marzo de 2019.

En ningún caso el inquilino ha de abonar de nuevo la fianza, pues esta ya fue depositada en el momento inicial de la formalización del contrato de arrendamiento. El nuevo propietario (el que embarga) será responsable de devolver la fianza al fin del contrato, incluso si no la hubiera recuperado del anterior propietario moroso (es decir se subroga en calidad de arrendador, con sus derechos y obligaciones).

Todo lo expuesto se entiende que se da en circunstancias normales. Si por ejemplo el contrato de alquiler fuera posterior al embargo o la ejecución hipotecaria, se podría dar por nulo entendiendo que se ha actuado de mala fe.

Alquiler de la vivienda habitual hipotecada

Una casuística bastante habitual es que sea nuestra vivienda habitual la que pongamos en alquiler por diferentes motivos, tales como laborales, de pareja, familiares, económicos, etc.

Esto puede ser fuente de conflicto si en la escritura de tu hipoteca se prohíbe el arrendamiento por parte de la entidad bancaria. Este caso por ejemplo está muy bien definido en Reino Unido, donde para alquilar precisas un tipo de hipoteca concreta, la *buy-to-let mortgage*. En España la no regulación lleva a ciertas confusiones, que intentaremos aclarar a continuación.

A pesar de que en notaría hayamos definido la vivienda como habitual, a priori la cláusula que prohíbe el arrendamiento puede ser considerada nula a tenor de la jurisprudencia existente.

Esta libertad para poder alquilar la vivienda tiene un matiz, y es que el banco debe conservar sus derechos (mantener la hipoteca como garantía íntegra), por ende el contrato de alquiler no puede bloquear la ejecución hipotecaria. Es decir, en caso de impago de la hipoteca el banco se puede plantear esta ejecución hipotecaria, lo que sería reclamar el inmueble para saldar la deuda, y por tanto el contrato de alquiler no puede ser un impedimento para ello.

Recuerda el capítulo donde hablábamos de las consecuencias de registrar el contrato de alquiler en el Registro de la Propiedad.

Venta del inmueble arrendado

¿Se puede vender un inmueble que tiene un contrato de alquiler vigente? La respuesta es sí, pero de manera resumida lo que ocurre es que el nuevo propietario ha de respetar el contrato de alquiler vigente. No tiene por qué ser un problema si la rentabilidad del alquiler es buena, ya que hay muchos inversores (como lo serás tú si es que no lo eres ya) que precisamente buscan comprar inmueble para alquilar, por tanto el comprar un inmueble que ya tiene un inquilino con historial es una ventaja, eso sí, esta situación reduce mucho el público objetivo comprador.

La última reforma de la LAU simplificó mucho la casuística en favor del inquilino, como enseguida veremos, ya que antes dependía de si el contrato de arrendamiento estaba inscrito en el Registro de la Propiedad o no. En este libro nos centraremos en la legislación actual, para no andar confundiendo al lector.

Derecho de adquisición preferente

Lo primero que has de saber es que el inquilino tiene derecho de adquisición preferente de la vivienda conforme indica el artículo 25 de la LAU. Eso sí, este derecho no pasa por encima del copropietario del inmueble (condueño) o aquella otra persona reconocida (previamente a la fecha del contrato de arrendamiento) en el Registro de la Propiedad.

El arrendatario dispone de un derecho de tanteo de 30 días desde la fecha en que se le comunica la voluntad de la venta. Su condición es preferente, por tanto a igualdad de precio ante la oferta de un tercero la del inquilino debe ser la definitiva.

Si el arrendador procede a la venta del inmueble sin la comunicación preceptiva al arrendatario este último tendrá el derecho de retracto durante 30 días naturales desde la notificación de la venta. Esto significa que el inquilino puede reclamar la compra del inmueble una vez se ha consumado la venta, lo cual implica un problema mayúsculo tanto para el antiguo propietario (quien asumirá los gastos a tenor del artículo 1518 del Código Civil) como para el nuevo.

Otro detalle es que para inscribir en el Registro de la Propiedad la venta del inmueble se deberá justificar la notificación al inquilino, aunque en la práctica el registrador sólo podría saber si estaba alquilado si el contrato de arrendamiento hubiese estado previamente inscrito, y aun así el propietario podría alegar que el contrato ya no está vigente (bajo pena de falsedad en documento público).

Enajenación del inmueble arrendado

El nuevo comprador es el que asume las responsabilidades existentes del contrato de alquiler, subrogándose a los derechos y obligaciones como arrendador y por tanto ha de respetar todo lo pactado en el contrato existente. Esto incluye la gestión de la fianza, que será responsabilidad del nuevo propietario y por tanto compete a este averiguar dónde está su custodia (en organismo oficial o en posesión del anterior propietario serían los casos habituales).

Según lo dispuesto en los artículos 13 y 14 de la LAU el inquilino podrá permanecer en el inmueble un mínimo de 5 años (si el arrendador era persona física) o 7 años (en el caso que el arrendador sea persona jurídica) a contar desde la firma del contrato de arrendamiento. Es decir, la duración mínima del contrato de alquiler no queda alterada.

Si la duración del contrato de alquiler fuese superior a estos 5 o 7 años (según proceda) a priori se debe respetar, aunque el arrendador pudiera desistir del contrato indemnizando con una mensualidad (o parte proporcional) por cada año que falte por cumplir (artículo 11 de la LAU).

La ocupación

Veamos la ocupación desde los distintos ángulos que nos afectan como propietario. Para ello lo primero es entender desde un punto de vista jurídico la diferencia entre el allanamiento de morada y la usurpación de la misma.

Allanamiento de morada

El allanamiento de morada es un delito definido en el artículo 202 del Código Penal como la entrada ilícita de un particular al domicilio de otro.

Es un delito castigado con pena de prisión de 6 meses a 2 años en el caso de entrar en morada ajena sin la voluntad del morador. En el caso que la entrada se realice con violencia o intimidación hablamos de una pena de uno a cuatro años.

En el ámbito penal se entiende como morada el espacio cerrado donde el titular desarrolla actividades de la vida cotidiana. Por ello el uso de un inmueble como vivienda habitual es claramente la morada de la persona que la habita (propietario o inquilino según el caso).

Según la definición de la ley las segundas residencias también se considerarían como morada, teniendo mayor inseguridad jurídica en este caso el propietario.

Usurpación de morada

El delito de usurpación viene definido por el artículo 245 del Código Penal y se puede resumir cómo la ocupación de un inmueble que no constituya morada en contra de la voluntad de su titular.

De nuevo la clave radica en la consideración del concepto morada, quedando claramente fuera de este concepto las viviendas desocupadas, vacías, en construcción y las abandonadas.

El delito de usurpación tiene una pena de 3 a 6 meses.

Situaciones de mayor riesgo como propietario

Periodos con el inmueble vacío

El periodo entre alquileres o justo después de la adquisición del inmueble hasta que formalizamos el primer contrato de alquiler es el periodo con más riesgo para el propietario, es decir la fase en la que el inmueble se encuentra vacío, pero no solo porque no haya nadie custodiando el inmueble, sino porque es mucho más difícil demostrar el allanamiento de morada al no haber un disfrute directo por parte del propietario o por un tercero (el inquilino).

Por ello el propietario ha de ser cauteloso cuando anuncia su inmueble en los portales y debe tomar todas las precauciones necesarias, entre ellas no dar la dirección exacta del inmueble, ni una foto clara de la fachada. En esta fase son muy relevantes los elementos extras de seguridad, tales como alarmas, videovigilancia, protectores de cerradura o cerraduras de interior con manipulación remota (vía *wifi*, *bluetooth* o vía radiofrecuencia).

Obviamente los inmuebles que no se usan, bien por el propietario, bien por un inquilino, así como aquellos que entren en la definición de abandono son los que mayor riesgo conllevan de cara a la ocupación.

Inmuebles en construcción

Ya se ha mencionado que la ocupación de una vivienda en construcción se considera un delito de usurpación, no de allanamiento de morada.

Qué no puede hacer un propietario

Un propietario no puede acceder a su inmueble arrendado sin el consentimiento del inquilino, de lo contrario estaríamos hablando de un posible delito de allanamiento de morada.

En el caso que el inmueble esté alquilado a varias personas y unas autoricen acceso al propietario y las otras no, prevalece la voluntad de quien no autoriza.

Caso distinto es si se trata de un alquiler por habitaciones, entonces el propietario tiene derecho a visitar las zonas comunes.

Acciones legales contra la ocupación

El allanamiento de morada está ampliamente respaldado jurídicamente y por tanto la vía penal es muy clara en este caso.

Es en el delito de usurpación donde se pueden tomar diferentes caminos.

Vía penal

Ya definida anteriormente, esta tiene varias ventajas que se exponen a continuación:

- El juez instructor se ocupa de la instrucción y del juicio, lo que reduce los plazos.
- Conlleva la restitución del inmueble a su legítimo poseedor (propietario, arrendatario o usufructuario)
- Se puede denunciar a los ocupantes no identificados (que es lo que suele ocurrir en los casos de ocupación).

Vía Civil

El objetivo será la acción de desahucio por precario, pero aquí la dificultad radica en identificar a los ocupantes, ya que el artículo 437.1 de la Ley de Enjuiciamiento Civil exige que conste en la demanda los datos de identificación del demandado.

Cabe decir que esto queda sujeto a la interpretación judicial en cada caso, pero al menos en principio esto es lo que determina la Ley.

Me gustaría remarcar que el ordenamiento jurídico en España no permite la recuperación por vía de hecho, es decir, el propietario no puede expulsar al ocupante por sus propios medios. Lo siento, no es que esté a favor de ello, pero recuerda que yo sólo trato de exponerte las cosas tal y como son por la vía legal. Piensa que en la desocupación puedes cometer delitos como la coacción, la intimidación o la violencia, todos tipificados en el Código Penal, así que hablamos de un riesgo muy grande.

En el caso del desahucio por precario se resuelve con un juicio verbal tras exigir a los ocupantes la devolución del inmueble y posteriormente los demandados tienen 20 días hábiles para recurrir la sentencia. Tras este periodo deben abandonar el inmueble, en caso contrario el propietario puede solicitar el lanzamiento (que a estas alturas ya debes saber que se trata del desalojo físico del inmueble ordenado por un juez).

EPÍLOGO

Espero que el libro te ayude enormemente en tu tarea como arrendador. El conocimiento que hay volcado en él es fruto de una dilatada experiencia y asesoramiento especializado. A veces las casuísticas son tantas que yo mismo repaso mis propias notas para saber cuáles son los pasos a dar.

Recuerda visitar la página de recursos, en ella hay mucho material adicional que por motivos organizativos o de *marketing* no han sido incluidos en este ejemplar. Aprovéchate de esta información extra que te ofrezco.

Te felicito por mostrarte proactivo en el mundo de las inversiones, recuerda que la formación es algo que nunca termina. Te deseo una vida llena de éxitos, seguro que te irá mucho mejor que al ciudadano promedio.

GLOSARIO

API: Agente de la propiedad inmobiliaria

CCAA: Comunidad Autónoma

CIRBE: Central de Información de Riesgos del Banco de España

CO: Monóxido de carbono

CTE: Código Técnico de la Edificación

IBI: Impuesto de Bienes Inmuebles

INE: Instituto Nacional de Estadística

IRPF: Impuesto sobre la Renta de las Personas Físicas

ITP: Impuesto de Transmisiones Patrimoniales

IVA: Impuesto sobre el Valor Añadido (o agregado)

LAU: Ley de Arrendamientos Urbanos

LEC: Ley de Enjuiciamiento Civil

PIB: Producto Interior Bruto

RC: Responsabilidad Civil

RGDP: Reglamento General de Protección de Datos

ROCE: Retorno de la inversión propia (return on capital employed)

SEPA: Zona de órdenes de cobro y pago en Europa (Single Euro Payments Area)

NOTA LEGAL

El presente ejemplar es fruto de la experiencia y conocimientos propios en el sector del alquiler inmobiliario español. Representa solamente una opinión personal del autor y en ningún caso puede ni pretende ser considerada como ninguna recomendación de inversión, fiscal o jurídica alguna. Cada inversor debe analizar el riesgo de sus propias inversiones y asesorarse personalmente antes de la toma de ninguna decisión.

Recuerda que toda inversión conlleva riesgos.

APÉNDICE 1

APÉNDICE 1 MODELO RESOLUCIÓN CONTRATO ARRENDAMIENTO

RESOLUCIÓN DE CONTRATO DE ARRENDAMIENTO

En ...., a .... de .... de 20...

REUNIDOS

De una parte, D/Dª..mayor de edad, de estado civil ...., con DNI......................., y con domicilio en la ciudad de ...., C/ ...., actuando como parte arrendadora.

De otra parte, D/Dª......................................mayor de edad, de estado civil ...., con DNI..................... y con domicilio en la ciudad de ...., C/ ...., actuando como parte arrendataria.

(Si alguna de las partes es persona jurídica hacer constar la denominación de la persona jurídica en el lugar que hemos puesto el nombre del arrendador o arrendatario, según el caso, e indicar también los datos de la persona que firma en representación de la persona jurídica y el título bajo el que lo hace, es decir, apoderado, administrador, etc).

INTERVIENEN

Los dos en su propio nombre y derecho como arrendador y arrendatario respectivamente. Ambas partes tienen plena capacidad legal para concurrir a este acto según manifiestan y, recíprocamente, se reconocen y

EXPONEN

PRIMERO.- En fecha .... las partes firmantes celebraron contrato de arrendamiento del inmueble sito la calle ...., número .... de la ciudad de ....

SEGUNDO.- Las partes acuerdan la RESOLUCIÓN DEL CONTRATO DE ARRENDAMIENTO con efectos desde el día de hoy.

La presente resolución viene motivada por .... (motivo: incumplimiento de contrato, término del contrato, etc).

Como consecuencia de la presente resolución de contrato la parte arrendataria indemnizará a la arrendadora con .... euros como consecuencia de aplicación de la cláusula .... del contrato de arrendamiento (en caso de no querer que haya indemnizaciones, dejar por escrito que ninguna de las partes tendrá que indemnizar a la otra por la presente resolución de contrato).

TERCERO.- La parte arrendataria entrega en este acto las llaves del inmueble a la parte arrendadora, realizándose así la efectiva entrega de la posesión del mismo.

CUARTO.- El inmueble se entrega al arrendador en el estado de conservación siguiente... (describir si se entrega en buen estado o poner los deterioros existentes).

QUINTO.- La parte arrendadora devolverá a la arrendataria el importe de la fianza en un plazo máximo de treinta días a contar desde hoy, en caso de que dicha devolución proceda.

SEXTO.- La parte arrendataria reconoce expresamente adeudar a la parte arrendadora al día de la fecha la cantidad total de .... euros desglosada en las siguientes partidas:

- La cantidad de .... euros correspondientes al impago de las rentas de alquiler de los meses de ...., a razón de .... euros al mes.
- La cantidad de .... euros correspondientes al impago de los recibos de suministro de agua de los meses de ....
- La cantidad de .... euros correspondientes al impago de los recibos de suministro de luz de los meses de ....

La arrendataria se compromete a pagar a la arrendadora dicha deuda en 12 pagos consecutivos de .... euros cada uno, el día 1 de cada mes, debiendo realizar el primer pago el próximo día … de …. del año ………..

Y con el carácter expresado en la intervención, firman el presente acuerdo por duplicado en ………. folios escritos por el anverso numeradas sus caras del uno al …….. en el lugar y fecha indicados.

ARRENDADOR/A   ARRENDATARIO/A

APÉNDICE 2

APÉNDICE 2 MODELO DEMANDA POR JUICIO VERBAL

AL JUZGADO DE PRIMERA INSTANCIA DE ....

Don/Dña. .... con domicilio en la calle ...., número .... de la ciudad de .... y con DNI ...., ante el Juzgado comparezco y como mejor proceda en Derecho DIGO:

Que por medio del presente escrito formulo DEMANDA DE JUICIO VERBAL por RECLAMACIÓN DE RENTAS DE ALQUILER y cantidades análogas contra Don/Dña. ...., con domicilio en la calle ...., número .... de la ciudad de .... y con DNI .... en base a los siguientes:

HECHOS

PRIMERO.- La parte demandada y la demandante celebraron un contrato de arrendamiento el día ..... de .... de ...., que se aporta como Documento nº 1, siendo su objeto un inmueble sito en la ciudad de ...., C/ ....

SEGUNDO.- La renta pactada asciende a .... euros (...€).

TERCERO.- La parte demandada no ha cumplido todas sus obligaciones de pago derivadas del contrato, siendo que a fecha de presentación de esta demanda adeuda a la demandante la suma de .... euros (...€), desglosadas del siguiente modo:

Renta del mes de ………………………… de 202X: …………………………: xxx euros

Renta del mes de ………………………… de 202X: …………………………: xxx euros

Tasa de recogida de basuras del mes de XX a XX de 20XX:………: xxx euros

CUARTO.- La parte demandada devolvió la posesión del inmueble a la demandante en fecha ……. de ……………… de 20XX…., siendo dicha posesión aceptada por la parte demandante.

QUINTO.- Agotadas todas las vías amistosas para lograr el cobro de las rentas y cantidades análogas impagadas, no queda otra alternativa a la parte demandante que acudir a la vía judicial para obtener el pago de las mismas.

A estos hechos le son aplicables los siguientes

FUNDAMENTOS DE DERECHO

I.- JURISDICCIÓN.- En virtud del artículo 36 de la Ley de Enjuiciamiento Civil, en relación con el artículo 21.1 y 22.1º de la Ley Orgánica del Poder Judicial, corresponde conocer de la presente demanda a los Juzgados y Tribunales españoles del orden civil.

II.- COMPETENCIA.- A tenor del artículo 52.1.7º de la Ley de Enjuiciamiento Civil, es competente el Juzgado al que se dirige este escrito por ser el del último domicilio conocido de la parte demandada.

III.- PROCEDIMIENTO.- A tenor del artículo 250.1.1° es el juicio verbal el adecuado para reclamar la deuda existente por recaer sobre impago de rentas y cantidades debidas de alquiler.

IV.- CAPACIDAD.- Tienen capacidad para ser parte en la presente causa el demandante y el demandado a tenor de lo dispuesto en los artículos 6 y 7 de la Ley de Enjuiciamiento Civil.

V.- LEGITIMACIÓN ACTIVA.- La ostenta el demandante como titular acreedor del objeto litigioso o relación jurídica, a tenor del artículo 10 de la Ley de Enjuiciamiento Civil.

VI.- LEGITIMACIÓN PASIVA.- La ostenta el demandado como titular deudor del objeto litigioso o relación jurídica, a tenor del artículo 10 de la Ley de Enjuiciamiento Civil.

VII.- POSTULACIÓN.- La parte demandante actúa sin abogado ni procurador, por ser inferior a 2.000 euros la deuda reclamada.

VIII.- FONDO DEL ASUNTO.- Son de aplicación los artículos 27.1 de la Ley de Arrendamientos Urbanos y el 1555.1 del Código Civil.

IX.- INTERESES.- Se solicitan por aplicación de los artículos 1100 y siguientes del Civil Civil.

X.- COSTAS.- Deben ser impuestas a la parte demandada en virtud del artículo 394 y 395 de la Ley de Enjuiciamiento Civil.

En atención a lo expuesto

SUPLICO AL JUZGADO que, teniendo por presentada esta demanda con las copias y documentos que la acompañan, se sirva admitirla y tener por formulada DEMANDA DE JUICIO VERBAL por RECLAMACIÓN DE RENTAS DE ALQUILER y cantidades análogas debidas, entendiéndose conmigo las posteriores diligencias, acuerde señalar día y hora para la celebración del juicio con citación de las partes y, en su día, previa la tramitación oportuna, solicitado desde ahora el recibimiento del pleito a prueba, se dicte Sentencia estimando íntegramente esta demanda y condenando a la demandada al pago de .... euros, más intereses legales y costas.

Es justicia que respetuosamente pido en ...., a .... de .... de 20........

Fdo. D. ....

APÉNDICE 3: RECURSOS GRATUITOS

Hemos preparado una serie de recursos gratuitos que podrás encontrar en la siguiente URL:

https://misfinanzaspersonales.net/recursos-inmobiliario/

Y si te gustó este ejemplar no te pierdas

Printed in Great Britain
by Amazon